KB108393

영어 인명과 지명 속에
숨은 역사 이야기

영어 인명과 지명 속에 숨은 역사 이야기

초판 1쇄 인쇄   2012년 10월 05일
초판 1쇄 발행   2012년 10월 15일

지은이   최 순 찬
펴낸이   손 형 국
펴낸곳   (주)북랩
출판등록   2004. 12. 1(제2012-000051호)
주소   153-786 서울시 금천구 가산디지털 1로 168,
             우림라이온스밸리 B동 B113, 114호
홈페이지   www.book.co.kr
전화번호   (02)2026-5777
팩스   (02)2026-5747

ISBN 978-89-969495-8-9   03740

영어
인명과 지명 속에
숨은
역사 이야기

초·중등 영어 교사를 위한 영단어장 ❶

최순찬 지음

book Lab

차 례

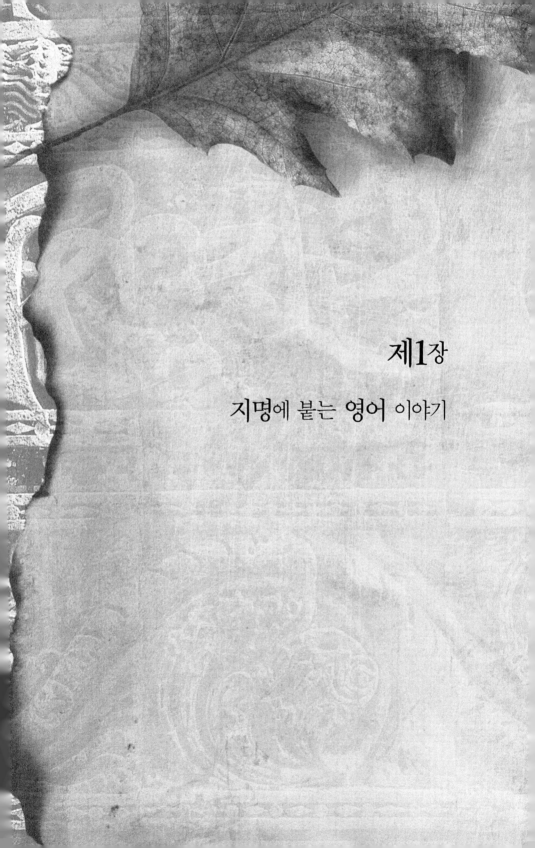

제1장

지명에 붙는 영어 이야기

Greenwich

Greenwich나 **Sandwich**는 영국의 지명으로 여기에서의 wich는 '마을'을 뜻하는 wick가 변하여 생긴 말입니다. Greenwich는 푸른 마을을 뜻하는 말이며, Sandwich는 모래 마을의 뜻을 가진 말입니다.

wick은 '부락' '읍' 등의 뜻으로 지금도 쓰이는 말로, '이웃'을 뜻하는 vicinity에서 v가 w로 변하여 생긴 말입니다. vicinity에서 나온 wich 는 Sandwich나 Greenwich와 같이 지명 뒤에 붙어 마을의 뜻을 나타내는 마을입니다.

viking 바이킹의 어원도 같은 의미에서 나온 말로, 돌아다니면서 마을을 이루고 사는 종족의 의미인 vicinity에서 나온 말입니다.

Louisville

프랑스 왕의 이름을 딴 Louisville, 독립전쟁 때에 미국의 영웅 이름을 딴 Nashville, 그리고 미국 대통령의 이름을 딴 Jacksonville 등의 지명들은 village의 약자인 ville이 붙어 '마을' '촌락' 등을 뜻하는 데서 나온 말입니다.

villa '빌라'라는 말은 '저택'이나 '별장' 등의 뜻인 말로 villa도 village 에서 나온 말입니다.

Derby

Derby는 사슴의 deer와 마을의 뜻인 by가 붙은 말로 사슴이 많은 곳의 의미에서 나온 말입니다.

Rugby 럭비는 잉글랜드 중부의 Warwickshire의 동부에 있는 도시의 이름으로 이곳의 **Rugby school**에서 처음으로 실시된 스포츠의 이름이기도 합니다.

Rugby의 어원은 까마귀를 뜻하는 **rook**와 마을을 뜻하는 village 의 약자인 by가 붙은 말로, 까마귀 마을의 의미를 가지고 있는 말입니다.

München

München 뮌헨은 독일어식 표기로 영어로는 Munich라고 합니다. 맥주로 아주 유명한 **München**은 예전부터 '자치도시'로 유명한 도시였습니다. 그래서 이 도시의 이름에서 나온 단어 **municipal**은 '자치도시의' '시의' 등의 뜻이 된 말로, municipality는 '지방자치제' 라는 뜻이며, minicipal court는 '자치 법원' 등을 뜻하는 말입니다.

immune은 '면역력이 있는' '영향을 받지 않는' 등의 뜻으로, 원뜻은 '영향을 받지 않는' '세금으로부터 자유로운' 등의 뜻에서 나온 말입니다. immune은 부정의 접두어 im에 mune이 붙은 말로, mune 은 자치도시를 뜻하는 말입니다. immune의 원뜻은 시에서 부여하는 세금에서 자유로운 등의 의미에서 '영향을 받지 않는'의 의미가 된 말입니다.

Indianapolis

polis '폴리스'는 고대 그리스 시대의 '도시국가'란 뜻으로, 지금도 이 polis가 단어의 뒤에 붙어 생성된 말들이 있는데, 대표적으로 metropolis와 cosmopolis입니다.

metropolis의 metro는 mother가 변화하여 생긴 말로 mother polis 즉, '어머니 도시'란 뜻에서 나온 말입니다. 뉴욕과 같은 '대도시' '중심도시' 등의 뜻입니다. 뉴욕의 야구팀 이름 중에 Mets '메츠'란 이름은 Metropolis의 준말로 바로 이 뉴욕의 거대함을 상징하는 뜻입니다.

Metro는 프랑스의 파리에서 1904년부터 Metropolitan railroad의 준말로 쓰면서 '전철' '지하철' 등의 의미를 가지게 된 말이기도 합니다.

cosmopolis란 말은 '세계'란 뜻의 cosmo가 붙어서 '세계적인 도시'란 뜻입니다. metropolis와 cosmopolis는 각각 metropolitan과 cosmopolitan으로 활용되는데 metropolitan은 '대도시의' '수도권의' 등의 뜻이고, cosmopolitan은 뜻이 조금 변해서 '세계주의의' '전 세계적인' 등의 뜻입니다.

Indiana 주에 있는 **Indianapolis**나 Minnesota에 있는 **Minneapolis** 그리고 미국의 해군사관학교가 있는 Annapolis 등이 있습니다. 형태는

다소 변했지만 이탈리아의 도시 '나폴리' **Napoli**도 neo polis '새로운 도시'란 뜻입니다.

'도시 행정' '도시 정책' 등의 뜻에서 나온 말이 policy로, 이 '도시'의 뜻에서 '행정' 등의 뜻이 된 말입니다. '정책적인' 등의 뜻인 **politic**으로 '정치인'이란 뜻의 politician도 '도시행정가' '도시정책가' 등의 뜻으로 고대의 도시를 뜻하는 polis에서 나온 말입니다.

'도시 행정을 하다'의 뜻에서 '도시의 치안을 유지하다'의 뜻으로 된 말이 바로 지금 '경찰'의 뜻인 **police**입니다. '경찰' police에는 '도시 행정을 돕는 사람'이란 뜻이 숨어 있는 말입니다.

Althorp

troop은 '무리' '다수' 등의 뜻으로 '군대'의 의미로도 많이 쓰이는 말입니다. troop은 동사로는 '모이다' 등의 의미로 'The boys trooped around teacher.'는 소년들이 선생님 주변에 모였다란 뜻입니다.

troop은 t가 th로 변하여 '마을' '동네' 등의 뜻인 **thorp**가 된 말로, thorp는 **Althorp** 등의 지명에도 붙어 쓰이기도 합니다.

thorp는 독일어에서는 dorf로 쓰이는 말로, 독일 라인 강 인근의 도시 Düsseldorf 뒤셀도르프도 마을의 의미가 붙은 말입니다.

troop은 불어의 trope에서 온 말로, trope에서 온 troupe는 공연단, 극단 등의 의미로 쓰이는 말이며, **trouper**는 극단 배우의 의미가 된 말입니다.

Provence

프랑스의 작가 알퐁스 도데의 소설 '별'에 나오는 프랑스 남부의 지방 이름이 **Provence** 프로방스입니다. Provence는 프랑스어로 영어로 건너가 province '지방' '시골' '주'나 '도' 등의 뜻이 되었습니다. 우리나라에서도 도 행정 구역의 단위로 province가 쓰여, provincial 은 '시골의' '지방의' 등의 뜻입니다.

province의 어원은 로마시대 앞을 뜻하는 pro에 '승리' '정복' 등의 뜻인 vince가 붙은 말로, 로마 정복의 땅의 의미에서 나온 말입니다. '승리'의 뜻인 vince는 victory 등으로도 쓰이며, Vincent와 같은 인명으로도 쓰이는 말입니다.

city

city 시티는 '성곽'을 뜻하는 citadel에서 나온 말로, 주민 등의 뜻인 **denizen**의 영향을 받아 시민을 citizen이라고 합니다. citizen은 '시민' 등의 뜻에서 발전하여 '주민' '국민' 등의 의미로도 쓰이게 되었습니다.

'시민권'이란 뜻은 그 나라의 국민으로 살 수 있는 권리를 가지고 있음을 뜻하는 말로 citizenship을 단순히 해석한 말인데, 정확하게 말하자면, citizen의 다른 뜻인 '주민권'이 원뜻에 더 가까운 말입니다.

netizen '네티즌은 citizen이나 denizen의 영향을 받아 생긴 신조어입니다.

region

regal은 '국왕의' '제왕의' 등의 뜻으로, 통치 등의 뜻인 **regime**과 같은 어원에서 나온 말입니다. regime은 regiment의 준말로 regiment 는 군사 용어로 연대를 뜻하는 말입니다.

regal과 같은 어원인 regime에 i가 첨가된 말이 reign으로 이 말도 '통치' '지배' '군림하다' 등으로 쓰이는 말입니다. 이런 말들과 또한 같은 어원인 말이 **region**으로 이 말은 '행정구역' '통치구역' 등의 뜻으로, 지금은 '지역' '영역' 등의 뜻으로도 쓰이는 말입니다.

Yorkshire

shire는 그 어원이 '보안관' 등의 뜻인 sheriff와 같은 의미에서 나온 말로, 한 지역의 '보안책임자'란 뜻의 sheriff는 지역의 단위인 shire를 관리하는 사람이란 뜻에서 나온 말이 지금 '보안관'의 의미로 쓰이는 말입니다.

shire는 주로 영국의 지역을 나누는 단위로 쓰이는데, 영국 지명의 **Yorkshire**, Hampshire, Berkshire, Lankshire 등의 지명은 모두 이 shire가 붙어서 된 지명입니다. 영국 사람들이 신대륙을 발견하고 이름 붙인 새로운 지명의 이름들도 Yorkshire에서 나온 New York 이고 Hampshire란 뜻의 지명이 지금의 미국의 주 이름인 New Hampshire입니다.

Westminster

Westminster는 런던 서부에 위치해 있는 자치구로, '웨스트민스터 사원'인 Westminster Abbey가 있어 유명한 곳입니다.

minster가 붙은 지명은 사원이 있던 곳을 뜻하는 말로, minster는 '수도원'을 뜻하는 monastery에서 온 말입니다. 지금도 이 minster 에는 '예배당' 등의 뜻을 가지고 있는 말이며, monastery는 수도승의 뜻인 monk에서 나온 말입니다.

Kidderminster는 영국 중서부에 있는 도시의 이름으로 '융단'으로 유명한 고장입니다.

Manchester

Manchester나 Lancaster 등의 지명 뒤에 붙은 chester나 caster는 모두 castle에서 나온 말로, 특히 옛 로마 사람이 영국에 건설한 성벽으로 둘러쌓은 도시를 뜻하는 말합니다.

castrato 카스트라토는 이탈리아어로 변성기 이전의 높은 음역을 유지하기 위해 거세된 남성 가수를 뜻합니다.

castle도 성을 뜻하는 말로, 자르다의 의미인 castrate와 같은 어원을 가진 말입니다. castle은 예전의 성의 모습에서 나온 말로, 적의 접근을 막기 위해 성 주변을 깊은 물로 다른 곳과 떨어뜨려 놓은 곳에 위치해 있어서 붙여진 말입니다. 원뜻은 castrated place의 뜻에서 나온 말입니다.

　castrato는 '자르다'의 뜻인 castrate에서 나온 말로, castration complex는 아버지에게 벌로써 성기를 빼앗긴다고 하는 사내아이가 품는 무의식적인 공포를 말하는 말입니다.

country, county

　country는 '시골' '국가' 등의 뜻이며, county는 영화 'Madison county'도 있듯이 행정 구역의 단위인 '주' '군' 등을 말하는 말입니다.

　country와 county는 언뜻 보면, 같은 어원을 가진 말처럼 보이지만 전혀 다른 어원을 가지고 있는 말입니다.

　country는 counter '반대의'에서 온 말로 '도시의 반대편'이란 뜻의 '시골'이란 뜻이 된 말로, 이 뜻이 '태어난 곳'이 되어 '국가' '조국' 등의 뜻으로도 파생된 말입니다.

　county는 옛 count '백작'이 지배한 행정구역이란 뜻에서 나온 말로, countess는 '백작 부인'이란 뜻입니다.

Pittsburgh

Pittsburgh나 Edinburgh 그리고 독일에 있는 Hamburg 등은 모두 burg나 burgh라는 말이 뒤에 붙는 도시들입니다. 미국의 철강도시 Pittsburgh는 영국의 수상인 William Pitt에서 유래된 도시 이름입니다.

스코틀랜드의 **Edinburgh**는 성경의 Eden에서 온 말로 '에덴의 주' 라는 뜻으로 실제로 12세기까지는 Edenburge라고 하였습니다. Eden 은 헤브루어에서 온 말로 그 원뜻은 '기쁨' '즐거움' 등의 뜻이며 Eden 에는 '극락' '낙원' 등의 뜻도 있는 말입니다.

우리가 즐겨 먹는 hamburger는 바로 독일의 Hamburg 함부르크 에서 만들어 먹었던 음식입니다. 이런 도시들은 예전의 '자치 도시' '스스로 보호하는 도시' 등의 뜻인 borough란 말이 변형되어 붙여 진 도시들입니다.

Luxemburg '룩셈부르크'는 독일, 프랑스, 벨기에 사이에 있는 나라 이름으로 원래는 벨기에의 한 주의 이름에서 나온 말로, 이 말의 어원은 '작은' little과 같은 어원에서 나온 Luxem에 '자치도시'를 뜻하는 burg가 붙어서 만들어진 말입니다.

bourgeois '부르주아'라는 말은 프랑스에서 생긴 말로, 도시가 만들어지면서 상권이 형성되어 생겨난 '자본가'라는 뜻의 불어로 어원은 '자치 도시'에서 나온 말입니다.

burglar는 '도둑'을 뜻하는 말로, 자치도시 burg에서 생겨난 말입 니다. 자치도시에서 '부르주아'들의 재산을 훔쳐 가는 사람의 뜻에서 나온 말입니다.

borrow는 '빌리다'의 뜻으로 원뜻은 '숨기다' '안전하게 하다' 등의 뜻에서 나온 말입니다. borrow는 고대 영어에서 '맡기다' '서약하다' 등의 뜻으로 쓰이면서 '빌리다' 등의 의미가 된 말입니다.

Frankfurt

Frankfurt 등의 뒤에 붙은 ford나 fort는 '성채' '보루' 등의 뜻인 **fort**에서 온 말로, Frankfurt의 원뜻은 'Frank족의 성'이란 뜻입니다.

fort의 뜻인 '성채'와 비슷한 말로는 stronghold '요새' '보루' 등의 뜻인 말이 있는데, 이 말의 원뜻은 '힘이 있는 곳'의 뜻에서 나온 말입니다. fort도 이 stronghold처럼 '힘'이란 뜻의 force에서 나온 말로 이 ford와 같은 뜻을 가진 말입니다.

영국의 유명한 대학이 있는 Oxford와 Stanford는 그 기원이 '황소'를 뜻하는 ox에서 나온 '황소가 많은 곳'과 '돌'을 뜻하는 stone과 같은 어원인 stan을 뜻하는 말에서 나온 지명입니다.

effort는 '힘을 쓰다' '수고하다' 등의 의미에서 나온 말로, '노력' '힘씀' 등의 의미가 된 말입니다.

Air force는 '공군' 등의 뜻이며, fortify는 '요새화하다'의 뜻입니다. fortress 포트리스는 fort와 비슷한 뜻의 '요새' '성곽' '성곽을 쌓다' 등의 뜻으로, 여러 벽돌로 성곽을 쌓은 뜻에서 붙여진 이름입니다.

Gotham

Nottingham 노팅엄, Birmingham 버밍엄 그리고, 궁전 이름으로 유명한 Buckingham 버킹검은 모두 ham이 붙은 지명이나 도시들입니다. ham은 home의 약자로 '가정' '고향' '고장' 등의 뜻을 담고 있는 말입니다.

New York시의 별칭인 **Gotham** '고담'은 영화에서 자주 나오는 지명이기도 한 말로, 영국의 지명이기도 하며, 어원적인 뜻은 '염소의 마을'이란 뜻의 **goat ham**의 변형입니다.

hamlet은 '작은'의 뜻인 접미어 let이 붙은 말로, '작은 고장'이란 뜻입니다. 캘리포니아에 디즈니랜드가 있는 Anaheim의 heim도 home이나 ham의 독일어형으로, '고향' 등을 뜻하는 말로 같은 어원에서 나온 말입니다.

Fulham

Fulham 풀럼은 잉글랜드 런던 Thames 강 유역 중심부에 위치해 있는 곳입니다. Fulham은 예로부터 닭과 같은 가금류를 많이 기르던 곳으로 가금을 뜻하는 fowl과 고장을 뜻하는 home이 붙어서 만들어진 지명입니다.

fowl은 '가금'이라고 하여, 집에서 기르는 닭, 오리, 칠면조 등을 뜻하는 말로, 이 동물들을 특징은 날지 못하지만 조류, 즉 새들입니다. fowl은 '날다'인 fly의 모음 변형에서 온 말이며, 이 fowl의 고어형은 'fleu'였습니다.

fowl에서 생긴 **poultry**는 집에서 키우는 새의 뜻인 '가금(家禽)'이란 뜻입니다.

San Francisco

Santa Claus는 Saint Nicholas의 준말로, '성인 니콜라스'란 뜻입니다. 이 Saint Nicholas는 어린이 수호성인으로 네덜란드의 사투리가 바로 Santa Claus라고 합니다. 이것이 미국에서 크리스마스에 선물을 나누어주는 전설이 생겨서 전 세계로 퍼져 나가게 되었습니다. 이처럼 '성인' Saint들은 영어와 밀접한 관련이 있는데, 특히 기독교 세계의 주요 지명에 성인들의 이름을 붙이게 되었습니다.

Saint '성인'은 약자로 St.으로도 쓰이는데 이것이 붙은 지명으로는 미국의 St. Louis로 프랑스 왕인 루이 9세를 위해 명명하였다고 합니다. 이 Saint는 Santa로 바뀌어 Santa Fe, Santa Monica 등의 지명이 되었는데, 특히 Santa Fe는 Saint Faith의 스페인어로 뉴멕시코 주의 한 도시로 경치가 아름다운 곳입니다.

Saint는 불어로 '생'이라고 발음하는데, '생시몽'은 Saint Simon이고, '생피에르'는 Saint Pierre입니다. **Santa**는 다시 줄여서 San만으로도 쓰이게 되는데 이것이 붙은 도시들은 San Antonio, San Francisco,

San Marino, San Jose 등의 도시들이 있습니다. San Antonio는 농구로도 유명한 텍사스의 도시로 '성인 안토니오'의 이름을 붙인 도시입니다.

San Francisco는 Saint Francis에서 나온 말로, '히피가 처음 시작된 도시'로도 유명한 곳으로 약칭으로 Frisco라고도 하는데, 이 지방에서 만든 햄버거의 이름이기도 한 말입니다. San Marino는 이탈리아 도시 이름입니다.

San은 스페인어에서는 Sao로 변하여, 브라질의 남부 도시 **Sao Paulo** '상파울로'의 Sao도 이 San이 바뀌어 생긴 이름으로 '성인 Paul'의 이름에서 나온 지명입니다. Sao Miguel '상 미겔'은 포르투갈령 Azores의 최대의 섬 이름입니다.

제2장

왕의 이름에서 나온 지명 이야기

Philippine

Philippines '필리핀'은 1892년 스페인 왕 Philip 2세의 이름에서 따온 말로, The islands of Philip의 이름에서 나온 말입니다.

Johannesburg

Johannesburg '요하네스버그'는 남아프리카 공화국의 제1의 도시로, 금광의 중심지로 유명한 곳입니다. Johannesburg는 포르투갈의 왕 John 5세의 이름에서 나온 말로, 이 왕이 1722년 처음으로 이곳에서 금을 들여와 금화를 주조하게 하여 이 왕의 이름에서 유래된 도시입니다.

Victoria

호주의 멜버른이 있는 남부 주 이름 **Victoria**는 영국 여왕 Queen Victoria의 이름에서 따온 말이며, 이 밖에도, 아프리카에 있는 빅토리아 호수 Lake Victory, 캐나다의 밴쿠버의 남부 도시 이름, 잠비아의 빅토리아 폭포 등 전 세계에 이 이름이 붙여져 있습니다.

Virginia

미국 동부의 **Virginia**는 처녀(virgin) 여왕이었던 Elizabeth 1세 영국 여왕에서 나온 이름입니다.

영어에서 처녀의 뜻인 virgin은 우리말처럼 쓰이기도 하여, 아직 한 사람도 오르지 못한 봉우리를 '처녀봉' virgin peak라고 하고, '처녀항해'를 maiden voyage처럼 virgin voyage라고 쓰기도 합니다. 이런 말들은 '처녀'의 의미인 maiden이나 virgin을 그대로 해석한 말들입니다.

virgin의 어원은 라틴어의 작은 싹, 솟아 나옴 등의 의미에서 나온 말로, virga는 꼬리구름의 뜻으로 쓰이는 말입니다. verge는 가장자리, 끝 등을 뜻하는 말로, 솟아 나옴에서 생긴 의미입니다.

Carolina

미국 대서양 연안의 영국 식민지였던 **Carolina**는 영국 왕 Charles 1세의 이름에서 따온 이름으로 Charles가 Carol로 바뀌어서 생긴 이름입니다. 지금은 North Carolina와 South Carolina로 나뉘어져 있습니다.

Maryland

　미국 동부주의 **Maryland**는 영국 왕 Charles 1세의 왕비 이름 Maria에서 딴 이름이라고 합니다. 미국 동남부의 **Georgia**주는 영국 왕 George 2세의 이름에서 따온 말이기도 합니다.

　Ave Maria는 성모 마리아의 안녕을 위해 바치는 기도를 뜻하는 말입니다. ave는 '안녕'의 뜻으로, '지내다' '살다' 등의 뜻인 have에서 두음 h가 탈락한 말입니다. Maria는 예수님의 어머니로, 영어에서는 Mary로 쓰이는 말입니다.

Louisiana

　미국 남부의 멕시코 만에 연한 **Louisiana** 주는 프랑스 Louis 14세의 이름에서 유래된 말로 원래는 프랑스령이었던 이 땅을 미국이 1,500만 달러에 구입하였는데, 이것을 Louisiana Purchase라고 합니다.

　지금도 Louisiana에서는 프랑스어가 많이 쓰인다고 하는데, 이로써 미국은 거대한 땅덩어리의 나라가 되었습니다.

제3장

나라 이름 이야기

England, Britain

England '영국'은 '잉글랜드'의 '잉'의 한자형인 '영'이 붙여져 만들어진 이름입니다. England는 영국 민족의 이름인 Anglo-saxon 민족의 이름인 Anglo에서 모음 a가 e로 변형해서 나온 이름입니다. 지금도 Anglo는 Anglistics '영문학자' 등의 뜻으로 쓰이는 말입니다.

Saxon의 어원은 '도끼를 든 사람'이란 뜻으로, sax는 '손도끼'를 뜻하는 말로 그 어원은 sect '자르다'에서 나온 말입니다. 이 '자르다'의 뜻인 sect에서 나온 다른 말인 saw는 '톱'이란 뜻으로, '자르다'의 어원에서 파생되어 나온 말입니다.

Britain은 로마시대에 로마가 영국을 지배할 때에 지금 영국의 섬 이름인 Briton에서 나온 말로, British는 '영국의' '영국 사람의' 등의 뜻으로 원뜻인 '브리튼 섬사람의'란 뜻입니다. Britain의 어원은 기원전 4세기 그리스에서 문신을 한 사람들의 뜻인 Prittanoi에서 온 말입니다.

Bangladesh

Bangladesh '방글라데시'는 인도의 동부에 면해 있는 나라로, 인구 팔천만이 넘는 세계에서 인구 밀도가 가장 높은 나라로 알려진 나라입니다. England가 Anglo에서 나온 말처럼 원래 인도 북부의 영국령이던 인도 북부의 한 주였던 Bengal '벵골'에서 모음 e가 a로 변하여 생긴 말로, 이 Bengal은 호랑이의 서식지로도 유명한 곳으로 이곳의 호랑이를 '벵골호랑이' Bengal Tiger라고 합니다.

bungalow 방갈로는 방글라데시 지역의 짚을 엮어 만든 집을 뜻하는 bangalo라는 집의 이름에서 나온 말로, bengal style house 의 뜻을 가진 말입니다.

France

France '불란서'는 '프랑스'의 한자식 표현으로, 이 나라의 이름은 라인 강 근처에 살았던 게르만계의 Frank 민족의 이름에서 나온 말입니다. 한때 프랑스가 영국을 지배했던 시대에 이 프랑스의 말들이 영어에 많은 영향을 주었는데, 그중에서 지금 영어의 frank는 '솔직한' '너그러운' 등의 뜻을 가진 말로 자기 '프랑크' 민족의 좋음을 나타낸 말입니다.

Frank '프랑크'인들이 지배계급으로서 누렸던 '특권'은 지금 우리가

쓰는 '프랜차이즈' franchise란 말의 뜻에 남아 있는데, franchise란
말은 '특권' '권리' '선거권' 또는 '독점판매권' 등의 뜻입니다.

German

Germany 독일은 German 민족 이름이 나라 이름이 된 말입니다.
'게르마늄' germanium이란 광석은 독일의 화학자 빙클러가 발명하여
자기 나라 이름을 붙여 만들어진 말입니다.

Deutsch, Dutch

Germany의 독일어명 Deutsch는 Deutsch land라고 하여 '독일'
이라는 한자어명이 된 말입니다. Dutch는 지금은 네덜란드의 의미로
쓰이는 말로, '독일의' 등의 뜻도 있는 말입니다. Deutsch와 같은
어원에서 나온 말입니다.

Deutsch나 Dutch의 어원은 **Teuton** '튜턴족'에서 변형되어 나온
말로, 기원전 4세기의 북부 유럽의 게르만족의 한 부족을 이루고
살았던 사람들의 이름에서 나온 말로, 지금도 Teutonic accent라고
하면 '독일식 발음'이란 뜻으로 쓰이는 말입니다.

Bundesliga '분데스리가'는 '독일의 축구 연맹'을 뜻하는 말로, 이
Bundesliga는 '연맹' '연합' 등의 뜻인 독일어의 bund와 영어 league의

독일어형인 liga가 붙어서 만들어진 말입니다. Bund는 '묶다' ' 연합하다' 등의 bind와 같은 어원으로, '연방'을 뜻하는 말이 되어, 예전의 '독일 연방'을 뜻하는 말이 되었습니다.

Bund는 '미국'을 '합중국'의 뜻인 United States라고 하는 것과 비슷한 뜻으로, Bundesbank는 '독일 연방 은행'을 뜻하는 말입니다.

Switzerland

Switzerland는 흔히 Swiss '스위스'를 뜻하는 말로, 특히 고대에 주로 쓰이던 이름입니다. 스위스에서 온 외국인에게 어디에서 왔는지 물어보았더니 Switzerland라고 답하는 것을 보고, 스위스 사람들이 많이 쓰고 있음을 알 수 있었습니다.

Switzer는 '스위스인' 등의 뜻으로 쓰이는 말로, 이 말의 독일어명이 바로 Schweiz로 독일계의 프랑스의 의사 철학자로 Nobel 평화상을 수상한 Schweitzer '슈바이처'의 이름도 '스위스 사람'이란 의미를 가지고 있는 말입니다.

Iran, Iraq

Iran도 민족 이름에서 나온 말로, Aryan '아리안 민족의 나라'란 뜻에서 나온 말입니다. 이 ariya의 뜻은 '성스런' '신적인' 등의 뜻의 고대 페르시아어에서 나온 말입니다.

Iraq도 형태로 보면 Iran과 같은 어원에서 나온 말 같지만, 그 뜻은 Iran과 다른 말로, 아랍어로 '강가'란 뜻에서 나온 말입니다. Iraq는 큰 두 강 Tigris강과 Euphrates강의 '강가에 있는 나라'라는 뜻에서 나온 말입니다.

India

Indus는 '인더스 강'을 뜻하는 말로, 아시아 남부의 큰 강을 뜻하는 말이며 India에서 나온 말입니다. Indus civilization은 '인더스 문명'을 뜻하는 말로, 기원전 2000년 전경에 이 Indus 강 유역에 번영한 고대 문명을 뜻하는 말로, 정확히는 Indus valley civilization이라고 합니다.

India는 인도의 종교인 hindu '힌두교'와도 관련이 있는 말로, h가 탈락한 말입니다.

indian '인디언'의 원뜻은 '인도인의' 등의 뜻이지만, 예전의 서양의 탐험가가 지금의 동방의 인도를 찾아 원정을 떠나, 지금의 서인도 제도에 도착해 그곳을 인도로 착각하여 그곳 사람들을 인디언으로 부르면서 미국의 토착민을 인디언으로 부르게 되었는데, 정확하게는

American Indian입니다.

지금의 '인도'를 east India라고 하여 '동인도'란 말이 생기게 되었는데, 인도 사람으로서는 탐험가의 실수로 자신들의 고유 이름을 빼앗기게 된 것입니다.

Indonesia

India에서 나온 **Indonesia** '인도네시아'는 그 뜻이 '인도의 섬'이란 뜻에서 나온 말로, Polynesia '폴리네시아'는 '많은 섬'이란 뜻처럼, nesia는 그리스어인 neso '섬'이란 뜻인 말에서 나온 말입니다. 이 neso에서 나온 말이 '섬의' '고립된' 등의 뜻인 insular로 이 insular에서 n이 탈락하여 '고립하다' 등의 뜻인 isolate와 island '섬'이란 말이 되었습니다.

라틴어의 insular에서 나온 peninsula는 우리나라와 같은 반도를 뜻하는 말로, '거의'라는 뜻인 접두어 pen과 섬을 뜻하는 insular가 붙은 말입니다.

Indochina

Indochina '인도차이나'는 India '인도'와 China '중국' 사이에 있는 동남아시아의 반도를 말합니다. 미국의 주 이름인 '인디아나' Indiana 는 Land of Indian의 의미로 '인디언의 땅'이란 뜻인 말입니다.

Slovenia

Slovenia '슬로베니아'는 Slavonian이라고도 하는데, 이 나라는 Slave '슬라브' 민족의 이름에서 나온 말입니다. 지금 쓰고 있는 slave '노예'는 예전에 많은 슬라브인들이 정복당하여 노예가 된 데서 유래한 말입니다.

slave에서 나온 말인 **sloven**은 '게으름뱅이' '단정치 못한 사람' 등의 뜻이며, slovenly는 '나태한' '소홀한' '게으른' 등의 뜻입니다.

Yugoslavia

Yugoslavia는 지금도 Jugoslavia로 쓰이는 나라 이름입니다. 이 Yugo는 Yugoslavia의 약자로도 쓰이는 말이며, 슬라브어로, '남쪽'을 뜻하는 말로, Slavs의 남쪽에 있는 나라라는 뜻에서 나온 이름입니다.

Bohemian은 이 슬라브족이 만든 또 다른 나라인 Czecoslovakia

체코슬로바키아의 지명으로, 이 지방의 사람들이 방랑적인 자유분방한 생활을 하는 민족으로 집시가 이 Bohemian에서 왔다고 믿어 gipsy의 의미도 가지고 있는 말입니다.

Hungary, Finland

Hungary도 Ural 산맥의 양쪽에 있는 지방명인 ugra에서 나온 말로, 이곳에 사는 사람을 ugrian '우고르족'이라고 한 데서 유래된 말입니다.

Finland는 북유럽에 살았던 '핀족' Finn에서 나온 이름으로 이 Finn족은 위에서 나온 Urgrian '우르그족'과 가까운 위치에 살고 있어서 FinnoUgrian은 '핀우고르 사람'이란 뜻입니다.

Turkey, Russia

Turkey 터키는 Turk '트루크' 민족이란 이름에서 만들어진 나라 이름이 Turkey입니다. turkey의 또 다른 뜻인 '칠면조'도 유럽에 터키를 통해서 들어갔기 때문에 생긴 말입니다.

Russia '러시아'는 러시아의 예전 이름인 Preussen '프로이센'에서 나온 말로 이 Preussen은 독일어식 발음이고 영어로는 Prussia인데 여기서 앞의 p가 생략되어 된 말이 Russia입니다.

Yemen

Yemen은 아라비아 남부에 있는 공화국으로 이 말은 아랍어에서
온 말로, '오른쪽의 나라' '길한 나라' 등의 뜻에서 나온 말입니다. 이
나라의 이름에도 '오른쪽'의 의미가 '길한' '좋은' 등의 뜻으로 쓰이는
말로, 아랍어에서도 '오른쪽'과 '좋음' 등의 의미가 같이 쓰임을 알 수
있는 말입니다.

Yemen은 Hebrew어의 Benjamin의 Jamin과 같은 뜻으로, Jamin
도 '좋은' 등의 뜻을 가지고 있는 말입니다.

Korea, China

Korea는 고려시대에 아랍 상인들이 우리나라에 다녀가며, 그 당
시 우리나라 국호인 '고려'의 아랍어 발음에서 서양에 전파시킨 이름
입니다. 일본인이 우리나라 사람을 '조센진'이라고 부르는 것은 '조선
인'의 일본식 발음입니다.

China '중국'은 옛 진나라의 이름이 서양에 전해져서 붙여진 이름
입니다. 이 china에는 '도자기'라는 뜻도 있는 말로, 이것은 중국에서
도자기가 서양에 들어갔기 때문에 생긴 뜻이기도 합니다.

'인삼'을 영어에서 ginseng이라고 하는데, 이 말은 우리말의 '인삼'
의 뜻인 중국말 '젠센'이 영어로 건너가 만들어진 말입니다.

Japan, Nippon

Japan은 '일본'이란 뜻 말고도 소문자로 시작하는 japan의 뜻에는 '옻' '칠기' 등의 뜻이 있는 말로 옻이나 칠기 제품들이 일본에서 서양으로 들어가서 생긴 나라 이름입니다. 영화에서 2차 대전 때 미국 군인들이 일본인 군인들을 jap이라고 하는데, 이 말은 일본인을 비하하여 부른 말입니다.

일본의 또 다른 이름의 **Nippon**은 우리가 쓰는 '일본'의 일본어식 발음이며, 그 뜻은 '해의 중심'이란 말로, 일본인들의 자기중심적인 사고가 들어 있는 말입니다.

Poland

Poland '폴란드'는 그 어원이 '평지의 땅'이란 뜻인 말로, Poland의 pole은 '폴란드 사람'이란 뜻으로 라틴어의 '평평한'의 뜻인 plenus에서 온 말입니다. 이 plenus는 영어의 '대지' 등을 뜻하는 plateau나 '단' '무대' 등을 의미하는 platform, '평평한' 등의 뜻인 plain에 남아 있는 말입니다.

Poland에서 유래된 또 한 가지는 Polka '폴카'로 2박자의 경쾌한 폴란드의 고전 무용음악으로 '폴란드 사람'이란 뜻의 **Polack**이란 말에서 나온 말입니다.

Israel

Israel '이스라엘'은 고대에 지금의 팔레스타인 지역에 있었던 왕국의 이름에서 따온 이름으로 유대어로 '신의 선민'(God's elect)라는 뜻이 있는 말이라고 합니다. 이 Israel의 el은 헤브루어의 '신'을 뜻하는 말입니다.

Norway

Norway는 Norman 민족이 세운 나라로, 유럽의 north '북쪽'에 있는 region '왕국'의 뜻에서 이름 붙여진 말입니다. 이 Norway의 way는 '지역'을 뜻하는 region에서 나온 말로, Norwegian은 '노르웨이인의' '노르웨이어의' 등의 뜻으로 region의 변형인 -wegian이 붙은 말입니다. Norton도 그 어원은 north town의 준말입니다.

Rumania

Rumania 루마니아는 Roman 민족의 이름에서 나온 말로 옛 '로마' Rome도 이 Roman 민족이란 뜻입니다. Rumania '루마니아'는 옛 '로마'의 뒤를 잇는 나라라는 뜻입니다.

Austria, Australia

Austria와 Australia는 어원적으로 같은 뜻에서 나온 말로, Austria '오스트리아'는 '빛이 시작되는 나라'란 뜻을 가진 말로, '동쪽의 나라'라는 뜻의 east가 'aust-'로 변해서 된 말입니다.

Australia '호주'는 영어의 austral '남쪽의'란 말에서 생긴 이름으로 '남쪽에 있는 나라'란 뜻으로, 이 말도 '빛'을 뜻하는 aurora와 같은 어원을 가진 말에서 나온 나라 이름입니다.

Ecuador

Ecuador '에콰도르'는 남아메리카에 있는 나라로 이 나라는 그 위치가 '적도' equator에 걸쳐 있어서 c가 q로 변형되어 생겨난 이름입니다. 이 equator는 '적도'를 뜻하는 말로, '같음'을 뜻하는 equal 에서 나온 말로, '같게 분할함'의 의미에서 나온 말입니다.

Netherlands, Holland

Netherlands '네덜란드'는 국토의 많은 부분이 바다보다 낮은 나라입니다. nether는 '지하의' '낮은' 등의 뜻인 말로, 이 nether는 neath나 beneath 등의 '밑에' '아래에' 등의 뜻인 말과 같은 어원에서 나온 말입니다.

'네덜란드'를 중국식 발음으로 '화란'이라고 하는데 이것은 네덜란드의 다른 이름인 **Holland**란 앞 글자에서 나온 말입니다. Holland는 'holly 나무의 나라'란 뜻으로, 지금 미국에 있는 '할리우드' Hollywood 는 그 지역에 '홀리' holly라는 나무가 많아서 이름 붙여진 지명입니다.

Nigeria

Nigeria는 아프리카에 있는 나라로, 이 나라 이름의 어원은 이 나라를 이루고 있는 인종의 이름에서 나온 말입니다. 흔히 흑인을 경멸적으로 negro라고 하는데, negro는 곱슬머리에 흑색 인종으로, 이 Negro의 모음변화로 Nigeria라는 이름의 나라가 되었습니다.

'흑인' '흑인의' 등의 뜻인 Negro는 e가 i로 변하여 '검게 하다' 등의 뜻인 nigrify 등의 말을 만들었습니다.

noir는 검은색을 뜻하는 말로, 프랑스어에서 건너온 말입니다. noir 는 라틴어의 '검은'을 뜻하는 niger가 프랑스로 건너간 말입니다.

Ethiopia

Ethiopia '에티오피아'는 아프리카 동부의 사회주의 공화국으로 이 말의 어원은 Ethiop에서 나온 말입니다. Ethiop의 뜻은 '탄 얼굴' burnt face란 뜻으로 이 Ethiopia나 Ethiop은 지금의 영어에도 그 흔적이 남아 있는 말로, ether '에테르'는 burnt air '데워진 공기'의 뜻을 가진 말로 '탄'의 뜻인 burn의 의미가 내포된 말입니다.

먹을 수 있는 알코올인 **ethyl** alcohol의 ethyl도 '데우다'의 뜻인 ether와 나온 말로, 곡물이나 포도, 과일 등을 열을 가해서 즉, 증류해서 만든 알코올을 말하는 말입니다.

Sudan, Liberia

Sudan 수단은 아프리카 북동부의 공화국으로 이 Sudan이란 말의 어원도 '검은' 등의 뜻인 아랍어에서 온 말입니다.

Liberia 라이베리아도 아프리카 서부에 있는 나라로, 이 나라는 '자유' '해방' 등의 뜻의 liberty에서 만들어진 이름입니다. 미국의 노예제도가 철폐되고 '해방된 노예가 건너가 세운 나라'라는 뜻에서 만들어진 말입니다. 그래서 Liberia의 국기를 보면 미국 국기와 비슷한 모양을 하고 있습니다.

America, Colombia

America라는 말은 두 가지의 의미로 쓰이는 말로, '미국'과 '아메리카 대륙'의 뜻 모두로 쓰이고 있는 말입니다. '남아메리카' South America를 줄여서 '남쪽의 미국' '남미'라고 하는 것도 이 두 말뜻과 무관하지 않습니다. 이 America는 이탈리아의 항해사 및 탐험가인 Amerigo Vespucci가 두 번에 걸쳐 신대륙을 항해하면서 자신의 이름을 따서 붙인 이름으로 Amerigo의 라틴어명에서 유래한 말입니다.

Colombia '콜롬비아'라는 나라의 이름도 이탈리아 태생의 항해사 Christopher Columbus가 1492년도에 아메리카 대륙을 발견해서 그의 이름을 따서 붙여진 이름입니다.

Greece

Greece는 **Graia** 지방의 종족이라는 뜻에서 나온 말로, Greek는 그리스 사람이라는 뜻입니다.

레슬링에서 '그레꼬 로망형' Greco-roman은 '그리스 로마'란 뜻으로 고대 올림픽에서 행해지던 레슬링의 한 형식을 뜻하는 말입니다. Greco는 Greece의 변형인 말입니다.

Brazil

Brazil은 스페인어인 Brasil에서 나온 말로, 스페인 사람들이 이 지역에 처음 갔을 때에, 이 지역에 서식하고 있는 재질이 단단하고 빨간 염료로도 쓰이는 brazilwood '브라질 나무'를 보고 이름을 붙인 나라입니다.

스페인어로 '브라질나무의 땅' terra de brasil이란 말이 brazil land가 되어 지금의 Brazil이 되었습니다. 이 brazil나무에서 채취한 brazilin '브라질린'은 붉은색 물감이나 지시약으로 사용하는 물질을 말합니다.

Argentina

Argentina는 호수의 이름에서 유래한 말로, 그 호수가 '은빛' 같은 색이어서 붙여진 말로 '은빛' '은 같은' 등의 뜻인 argentine에서 나온 말입니다.

argent는 '은' '은백' '은백색의' 등의 뜻인 말로, 어원은 '하얀' '깨끗한' 등의 의미인 라틴어에서 나온 말입니다.

argent와 같은 어원에서 나온 말이 **argue**로 지금은 '논의하다' '논쟁하다' 등의 의미로 쓰이는 말이지만, 원뜻은 '깨끗이 하다' '증명하다' 등의 의미에서 나온 말로 '하얗다'의 의미에서 나온 말입니다.

Costa rica

Costa rica 코스타리카는 중미에 있는 나라로, 스페인어에서 온 말로, 영어로는 Coast rich라는 뜻입니다. 즉, '풍요한 해안'이란 의미를 가진 말입니다. 이 Costa rica는 비옥한 화산성 토양을 가지고 있어 커피 목화 등의 주요 산지이기도 한 곳입니다.

Bulgaria

Bulgaria '불가리아'는 남동부 유럽에 있는 나라로 이 나라의 이름은 Bolg 강에서 사는 사람들이란 뜻에서 나온 말입니다. 이 Bolg 강은 지금 러시아어로는 Volga 강으로 쓰이는 말로 러시아 서부에서 발원하여 카스피 해로 흘러드는 유럽에서 가장 긴 강을 말합니다.

Gruziya

Gruziya '그루지아'는 동유럽 카프카스 산맥의 남쪽에 있는 공화국으로 소련의 붕괴로 독립이 된 국가로 이 Gruziya는 George의 러시아명으로 St George 2세의 이름에서 만들어진 말입니다.

지금도 Caucasus 코카서스 지방에서는 Georgian에는 '그루지아 사람' '그루지아어' 등의 의미로 쓰이고 있습니다.

Italy

Italy '이태리'는 Italia의 영어 이름으로, '이탈리아'의 어원은 '암소와 관련이 있는 말입니다. 이 Italy는 본래는 남 이탈리아의 돌출부 부분의 민족명으로 이 민족이 암소를 숭배한 데서 붙여진 말입니다.

Italia는 '암소'를 뜻하는 라틴어명의 vitulus에서 두음 v가 탈락하여 만들어진 말로, 이 vitulus는 '송아지의' 등의 뜻인 vituline에 그 흔적이 남아 있습니다.

Benelux

Benelux '베네룩스'는 벨기에, 네덜란드, 룩셈부르크 등을 총칭하는 말로, 이 말도 일종의 두음어로 이 세 나라의 두음을 모아 만든 말로, Belgium과 Netherlands 그리고 Luxemburg의 세 나라가 자유 관세 협정을 맺으면서 만들어진 말입니다.

Pakistan

Pakistan '파키스탄'은 인도의 독립과 함께 자치령이 된 회교도 국가로 지금은 인도와 Kashmir를 접경에 두고 국지적 전투를 하는 나라로 뉴스에 간혹 나오는 나라입니다. 이 Pakistan은 그 지방의 이름의 앞 글자를 따서 만들어진 나라 이름으로 Punjab Afghan Kashmir Sind stan의 앞 글자를 모아서 만들어진 이름입니다.

이슬람 국가들에 붙는 접미어 stan은 Afghanistan처럼 land를 뜻하는 말입니다.

El Salvador

save는 '구조하다' '보전하다' 등의 뜻이 있는 말로 savior는 '구원자'의 뜻인 말입니다. 이 save도 '구출하다' '구조하다' 등의 뜻인 salve에서 l이 탈락하여 생긴 말로, salvation은 '구조' '구출' 등의 뜻이며, salvage는 '구조' 등의 뜻입니다.

El Salvador는 스페인어 관사 el이 붙은 중앙아메리카의 나라 이름으로 그 어원은 '구세주' '구원의 땅' 등의 뜻입니다.

Denmark

Denmark 덴마크도 '덴마크 사람' 즉, 북부유럽에서 9세기에서 11세기 사이에 영국에서 북유럽 사람 등을 뜻하는 말인 Dane에서 a가 e로 변형되어 생긴 말입니다.

Denmark의 mark는 '표' '흔적' 등의 뜻에서 나온 말로, '표지' '경계' 등의 뜻으로 쓰여 고어에서부터 쓰인 말이 붙여진 말이 Denmark

입니다. Danish는 '덴마크인의' '덴마크어의' 등의 뜻입니다.

Spain

스페인어에서 특히 많은 점은 두음 h를 잘 발음하지 않습니다.
'스페인의' '스페인어를 쓰는' 등의 뜻인 Hispanic은 두음 h가 탈락하여
Spain이 된 말로, Hispanic은 '라틴 아메리카의 스페인어를 쓰는
사람' 등의 뜻으로 통용되는 말이 되었습니다.

Hispanic이란 말은 로마시대에 지금의 Iberia 반도를 Hispania
라고 부르면서 생긴 이름으로 이 말이 스페인으로 건너가 '에스파냐'
Espana가 되었고, 다시 영국으로 건너가 Spain이 된 말입니다.

Portugal

Portugal은 port of Cale의 변형인 말로, 고어형 Portucale이었던
말이 다시 Portugal로 변한 말입니다. 포르투갈은 초대 국왕의 이름인
Alfonso Cale의 이름에서 붙여진 나라입니다.

제4장

미국의 여러 지명 이야기

Washington

Washington은 미국의 수도이기도 한 곳으로, 지명 뒤에 붙는 작은 도시의 뜻인 town의 약자인 ton이 붙은 지명입니다. Washington 은 미국의 초대 대통령의 이름인 George Washington에서 나온 이름으로, 원뜻은 wash '씻다' '세탁하다' 등의 뜻에서 나온 '씻는 마을' 이란 뜻을 가지고 있는 말입니다.

Concord

미국의 뉴잉글랜드 주의 도시인 **Concord** '콩코드'는 미국의 동부에 있는 도시로 미 문학의 발상지라고 해도 과언이 아닌 곳으로 '화합' 이란 뜻의 concord를 도시의 이름으로 가진 곳입니다.

처음 영국에서 청교도들이 미 대륙으로 건너 왔을 때에 인디언들에게 도움을 받고 같이 '화합'하여 살겠다는 의미로 지어진 말입니다. 그 후 신대륙으로 건너오는 유럽인들이 많아지면서 인디언이 살던 땅까지 빼앗았으니, 은혜를 원수로 갚은 격입니다.

'마음이 맞다' '동의하다' 등의 accord나 '마음이 일치시키다' ' 조화하다' 등의 뜻인 concord는 같은 어원에서 나온 말로, cordial은 '마음의' '진정한' 등의 뜻입니다.

Boston

Boston은 7세기 중엽 영국에서 East Anglia에 수도원을 세운 성인의 이름인 Botwulf의 이름에서 따온 말로, Botwulf stone의 준말입니다. 이 Boston은 본래 영국 본토의 지명을 따서 명명한 말이지만, 미국 Massachusetts의 주도의 이름으로 더 많이 쓰이고 있는 이름입니다.

Pennsylvania

silvics는 '산림학'을 뜻하는 말로, 로마신화의 '실바누스' Silvanus는 '숲과 들의 신'을 말합니다. 여성의 이름으로 많이 쓰이는 Silvia, Sylvia 그리고 남자 이름으로 쓰이는 Silvester, Sylvester 등은 모두 '숲'의 의미를 품고 있는 말입니다.

미국 동부의 **Pennsylvania**는 머리를 뜻하는 penn과 sylva가 붙은 말로, '나무가 많은 땅'이라는 의미에서 나온 말입니다.

savage는 '야만의' '야생의' 등의 뜻인 말로, 이 말의 어원은 '숲' '산림' 등을 뜻하는 silva에서 나온 말입니다. savage의 '숲 속에 사는' '산 속에 사는' 등의 뜻에서 '야생(野生)의' '야만의' 등의 뜻이 된 말입니다.

Detroit

district는 '제한하다'의 뜻에서 나온 말로, 행정의 편의상 만든 '제한한 구역' '제안구역' 등의 뜻에서 '행정구역' '한 구역' 등의 뜻으로 변화된 말로, a police district는 '경찰 관할 구역'의 뜻인 말입니다.

Detroit 디트로이트는 미국 북부도시로 1701년 프랑스인들에 의해 건설된 도시입니다. Detroit는 영어의 district의 프랑스형으로 '지역' '구역' 등의 뜻을 그대로 쓰는 말입니다.

Nevada

snow는 '눈'의 뜻으로, 라틴어의 niv에서 두음 s가 첨가되어 나온 말입니다. nival은 '눈이 많은' 등의 뜻이며, 프랑스에서는 Nivose는 '설(雪)월' 즉, '4월'을 뜻하는 말로, 특히 '프랑스 혁명 당시의 4월'을 뜻합니다.

niv는 스위스에서는 neve라고 하여 '빙설' '만년설' 등을 뜻하는 말이 되었고, 미국의 서부의 주 이름인 **Nevada**는 이 '만년설'을 뜻하는 말에서 나온 이름으로, 이 Nevada의 산맥에 있는 '만년설'에서 나온 말입니다.

Cleveland

cliff는 '절벽'이란 뜻으로, 절벽은 땅이 쪼개져서 만들어진 것이라는 의미에서 나온 말입니다. cliff는 cleave '쪼개다' '잘라버리다' 등의 의미에서 온 말입니다. 미국의 주 이름 중에서 Cleveland가 있는데, 이 주는 절벽과 계곡이 많아서 붙여진 이름입니다.

clip은 우리가 쓰는 사무용품 '클립'이란 뜻도 있지만, '자르다' '깎다' 등의 뜻도 있습니다. 미국 LA의 프로 농구팀 이름인 clippers는 '가위' 란 뜻입니다. cliff와 비슷한 bluff도 '절벽'이란 뜻입니다.

Philadelphia

미국의 옛 수도이기도 하고 미국의 독립선언이 있었던 곳인 **Philadelphia** '필라델피아'는 고대 Lydia '리디아'의 도시 이름에서 따온 말입니다.

Philadelphia는 '좋아하는' 등의 뜻인 phil과 '형제의 사랑'을 뜻하는 adelphic이 붙은 말로, adelphic이란 말은 지금도 영어에 있는 말로 '일부다처제에서 아내끼리 자매인'이란 복잡한 뜻으로 쓰이는 말입니다.

New Orleans

New Orleans '뉴올리언스'는 미국 jazz의 발생지로 유명한 곳으로, 프랑스의 '오를레앙' Orleans이라는 지명에서 따온 말입니다. New Orleans는 이 지역이 프랑스의 영향에 있었음을 알 수 있는 말로, 이 지역의 건물들은 프랑스식 건물들이 많이 있습니다.

California

California는 미국에서 제일 인구가 많은 주로, 이 California는 예전에 스페인의 군대가 점령하고 있던 지역이어서 남부 California 에는 스페인 풍의 건물들이 아직도 많이 남아 있는 곳이기도 합니다.

California는 스페인의 군인 Cortez가 처음 이 지역을 발견하고 스페인의 도시 이름인 Cala horra의 이름을 따서 붙여진 지명입니다.

Phoenix

미국의 애리조나 주도인 **Phoenix** '피닉스'는 '불사조'란 뜻으로 인디언의 폐허에서 불사조처럼 소생하여 새로운 도시가 되었다는 뜻이 있는 곳입니다.

phoenix '불사조'는 아라비아 사막에 사는 새로 500년마다 스스로 향나무를 피워 타죽었다가 그 재 속에서 다시 젊은 모습으로 태어난다고 하여 불사조라고 이름 붙여졌는데, 이 말은 고대 국가인 **Phoenicia** '페니키아'에서 전해 내려오는 이야기여서 붙여진 말입니다.

Seattle

Seattle은 미국 Washington 주의 태평양에 면한 항구 도시로 이 도시의 이름은 이 지방 인디언 추장의 이름인 Seathl에서 유래된 이름으로 Indiana가 '인디언의 땅'이란 뜻에서 나온 이름과 비슷한 말입니다.

이런 인디언의 말에서 온 지명으로, Utah, Wisconsin, Illinois, Arizona, Idaho 등이 있습니다.

Florida

미국의 한 주인 **Florida**와 이탈리아의 **Florence** 플로렌스(Firenze '피렌체'라고도 하는 곳)는 예로부터 꽃이 많은 지방으로 유명한 곳으로 '꽃'을 뜻하는 flower에서 나온 지명들입니다.

옛 영어를 보면 지금의 flower도 flour로 썼는데, flour에는 '밀가루'라는 다른 뜻도 있습니다. 그래서 18세기부터 flour와 같은 음인 flower로 쓰게 되었습니다.

flour와 flower는 음은 같고, 뜻은 다른 동음이의어로, flourish는 '꽃이 피다' 그리고 꽃이 피어 열매가 맺듯 '번성하다'란 뜻인 말입니다. flourishing business는 번창하는 사업'이란 뜻입니다.

flour는 flora라는 '꽃과 풍요의 여신' 이름에서 나왔습니다.

Caribbean

Caribbean '카리브해'는 서인도 제도 남부의 바다를 뜻하는 말로, Caribbean bay '캐리비언베이'는 이 '카리브해'의 만을 가리키는 말입니다. 이 Caribbean은 이 지역에 사는 Carib 카리브족의 이름에서 나온 말로 이 카리브족은 예전에 야만적 식인 행위를 해서 '식인종'의 뜻인 cannibal에서 붙여진 이름입니다.

Beverley Hills, Buckley

Beverley Hills는 미국 LA의 Hollywood의 서쪽에 있는 도시로 예능인들이 많이 사는 고급 주택지의 대명사로 잘 알려진 말입니다. 이 Beverley는 영국의 Hull 강 근처의 도시 이름에서 따온 말로, 이 강 근처에 beaver '비버'가 많이 살아서 붙여진 이름입니다.

Buckley는 '수사슴'을 의미하는 buck이 많은 곳이란 뜻에서 나온 말로, 이 Beverley와 Buckley의 ley는 모두 '강'을 뜻하는 말입니다. 궁전으로 유명한 Buckingham도 이 '수사슴'이 많은 지역이란 뜻에서 나온 말로, 예전에 영국에 사슴이 많이 있었음을 알 수 있는 말들입니다.

Grand Canyon

great는 '큰' '거대한' 등의 뜻으로, n이 첨가된 grand는 '웅장한' '광대한' 등의 뜻인 말로, 주로 불어에서 많이 쓰인 말입니다. 불어에서 건너온 grandeur는 '웅대함' '웅장함' 등의 뜻입니다.

Colorado강의 대협곡인 **Grand Canyon**은 스페인의 탐험가가 처음 그곳을 발견하고 '대단히 크다'의 의미인 grande라고 한 말에서 나온 말입니다.

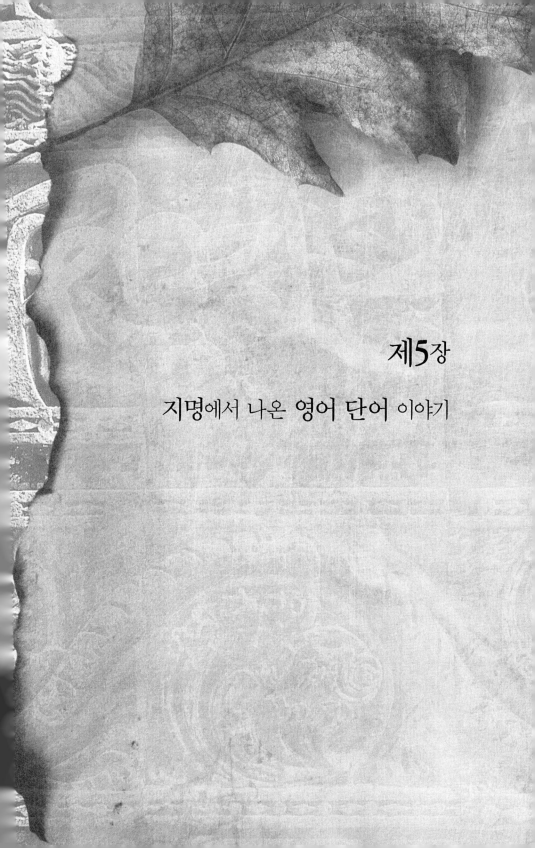

제5장

지명에서 나온 영어 단어 이야기

Trinidad and Tobago

tobacco는 '담배'란 뜻으로, cigar와 비슷한 의미를 가지고 있는 말입니다. cigar는 스페인어의 cigarro에서 나온 말로 연기를 뜻하는 남아메리카의 마야어에서 온 말입니다.

tobacco도 마찬가지로 스페인에서 온 말로, 담배를 가장 먼저 유럽 대륙에 들여온 나라입니다.

tobacco는 스페인이 담배를 가지고 온 곳의 이름인 서인도 제도의 섬 이름인 Tobago에서 나온 말입니다. 이 tobago 섬은 지금은 Trinidad와 같은 연방의 국가가 되어 **Trinidad and Tobago**의 국가를 이루고 있습니다.

Kashmir

cashmere 캐시미어는 파키스탄의 **Kashmir** 지방에서 생산된 양모로 만든 옷감에서 나온 말로, 고급 모직으로 만든 옷을 뜻하는 말입니다.

Tahiti

tattoo는 '문신' '문신을 새기다' 등의 뜻으로, 이 말은 유럽인들이 **Tahiti** 사람들의 문신을 보고 Tahiti란 말에서 유래된 말입니다. 이 Tahiti란 말에서 가운데 약음인 h가 생략되고 만들어진 말이 tattoo 입니다.

Lesbos

Lesbian '레즈비언'은 '여자 동성연애자'란 뜻으로 이 말은 에게 해 북동부의 그리스 섬인 **Lesbos**에서 나온 말입니다. 기원전 6세기경에 이 섬에 살던 여류 시인인 Sappo가 제자들과 동성연애에 빠졌었다는 전설에서 나온 말로, lesbo란 말은 구어에서 흔히 쓰는 '레즈비언'을 뜻하는 말입니다.

Mahon

mayonnaise 마요네즈는 줄여서 mayo라고도 합니다. mayonnaise 는 프랑스가 영국과의 전쟁에서 승리하면서 지중해에 있는 미노르카 군도의 수도였던 **Mahon**이라는 도시를 지배하면서 이 지역에서 유래한 소스의 이름을 지명에서 지으면서 만들어진 말입니다.

Baia

bay는 '만'을 뜻하는 말로, 육지 가운데 들어가 있는 바다를 뜻합니다. bay의 어원은 이베리아 반도의 **Baia**라는 지명에서 나온 말로, 이곳의 지형이 만을 이루고 있어 붙여진 말입니다.

Genoa

jean은 일반적으로 청바지를 뜻하는 말이지만, 원뜻은 프랑스에서 무명을 꼬아 만든 작업복의 뜻에서 나온 말입니다. jean은 이탈리아의 Genoa에서 나온 말로 프랑스에서는 **Genoa**를 Jannes라고 불렀습니다.

Genoa라는 말은 로마신화의 두 얼굴을 가진 신인 Janus 야누스의 이름에서 나온 말입니다.

Caere

ceremony 세레모니는 '의식' '예식' 등의 뜻으로, 로마 근처의 마을 이름인 Caere라는 이름에서 나온 말입니다. 로마인들이 많은 습관과 의식을 배운 곳의 지명인 caere라는 곳에서 나온 라틴어인 caerimonia 라는 말에서 나온 말이 바로 ceremony라는 말입니다.

Belur

beryl은 '에메랄드' 등의 뜻으로, 인도 남부 도시 이름에서 나온 말이며 지금은 Belur라고 불리는 곳입니다. 이 **Belur**에서 나온 광석인 '에메랄드'를 beryl이라고 부르고, 독일에서는 이 beryl로 안경을 만들어 '안경'을 독일어로 brille라고 합니다.

brilliant는 beryl에서 나온 영어로 '화려한' '빛나는' 등의 뜻이며, brilliant jewel은 '눈부신 광석' 등의 뜻입니다.

Tequilla

tequill '데킬라'는 멕시코의 증류주의 일종으로 이 tequilla는 멕시코의 나후아 부족의 지명에서 나온 말로 여기에서 처음 만들어진 술이어서 붙여진 이름입니다.

Bayonne

bayonet은 '총검' '꽂는 칼' 등의 뜻으로 Fix bayonets!는 '착검'을 뜻하는 말입니다.

bayonet은 pistol과 같이 이 bayonet을 처음 만든 프랑스의 지명인 **Bayonne**의 이름에서 만들어진 말로, 이 Bayonne은 프랑스의 남서부의 항구 도시로 이 도시를 딴 미국 New Jersey의 북동부의 도시 이름도 있습니다.

Pistoia

pistol은 '권총' '피스톨' 등의 의미로 쓰이는 말입니다. 고대 이탈리아에서는 '단도' '양날 칼' 등의 의미로 쓰이던 말이었는데 근대로 넘어 오면서 '권총' 등의 의미로 사용하기 시작했습니다. pistol의 어원도 이 '단도'를 잘 만들었던 지금의 이탈리아 북부의 **Pistoia**의 지명에서 나온 말입니다.

Dacia

dagger는 '단도' '단검' 등의 뜻으로 이 dagger가 만들어진 로마의 지명에서 나온 말입니다. dagger는 남부 유럽의 **Dacia**라는 고대 왕국의 이름에서 만들어진 말로 고대에는 dacam이라고 불리기도 한 칼입니다.

Sardinia

sardine은 정어리를 뜻하는 말로, 이탈리아의 서쪽 섬에 있는 **Sardinia**섬 인근에서 잡히던 고기로, 이 고기를 다른 나라에 수출하면서 붙여진 이름입니다.

sardonic은 '비웃는' '조롱하는' 등의 뜻으로 고대 그리스 사람들이 Sardinia섬에서 나는 Sardonion이라는 식물을 먹을 때 마치 비웃는 표정을 지으면서 생긴 의미입니다.

Tanger

tangerine은 '주황색의 귤'을 뜻하는 말로, 이 tangerine의 어원은 프랑스의 Tanger라는 지명에서 나온 말로, 예전에 이 지방에서 재배하던 귤의 이름에서 나온 말입니다.

Thaler

dollar는 미국, 캐나다, 자메이카, 홍콩, 뉴질랜드 등의 통화 단위로 쓰이는 말이지만 그 어원은 Bohemian 지방의 주조소가 있던 이름인 Thaler란 지방의 이름에서 나온 말입니다. 이 **Thaler**란 지방의 이름은 옛 독일의 대형 화폐 이름으로도 쓰이던 말입니다.

dollar의 표시 마크인 $는 로마의 Constantine 대제가 처음으로 발행한 금화의 이름인 Solidus란 화폐의 첫 글자에서 유래된 말이라고 합니다.

Limousin

limousine '리무진'은 승용차의 한 종류로 고용 운전수가 딸린 대형 호화 자동차나, 공항 철도역 등의 대형 세단이나 버스 등을 뜻하는 말로 줄여서 limo라고도 합니다. 이 말은 예전의 운전석이 객석과 분리되어 있던 승용차를 말하던 말로, 프랑스의 **Limousin** 지방 사람들이 입었던 케이프가 달린 망토와 모양이 비슷하여 붙여진 말입니다.

Coach

coach는 '지도자' '코치' 등의 뜻으로 헝가리의 지명에서 유래된 말이며 이 coach의 원뜻은 '마차' '탈 것' 등의 뜻입니다. a state coach 는 '국왕의 공식 마차'란 뜻을 담고 있는 말입니다. 이 '마차' '탈 것'이란 뜻인 의미에서 '지도자'의 의미가 생긴 말은 이 '지도자'를 지도 받는 자의 운반 도구로 보아서 생긴 말로, 지도 받는 사람을 날라주는 마차에 비유하여 생긴 뜻입니다.

Rhode island

red는 '장미색'을 뜻하는 rose에서 온 말입니다. rosy는 '붉은 색의' 의 뜻으로 우리가 '장밋빛 미래'라고 하는 말도 rosy future에서 온 말입니다.

rose는 '장미를 상징으로 하는 태양신'을 뜻하는 에게 해의 섬 이름인 Rhodes '장미'에서 온 말이며, 미국의 가장 작은 주 Rhode island는 '장미의 섬'이란 뜻으로, 이 rhode에서 h가 생략되어 나온 말이 red입니다.

이름으로도 많이 쓰이는 Robin이나 Robinson은 원래는 '지빠귀' 등의 새 이름에서 나온 말로, 이 새의 가슴 깃털이 적색을 띠어서 붙여진 말로, robin redbreast라고 부르기도 하는 새의 이름입니다.

Persian

peach는 복숭아를 뜻하는 말로, 원뜻은 Persian melon 페르시아 멜론의 뜻인 그리스어의 Persikon malon에서 온 말입니다. 이 그리스어인 Persikon에서 변형되어 생긴 말이 peach입니다.

Palatine

palace는 '궁전' 등의 뜻으로 우리말로는 간혹 '팔레스'라고 잘못 읽기도 하는 말입니다. 이 말은 로마 황제가 최초로 궁전을 세운 언덕의 이름인 **Palatine** Hill이라는 언덕의 이름에서 나온 말로 영어의 palatium이란 말로 '궁전'을 뜻하는 말입니다.

paladin 팔라딘은 중세에 기사나 전사 등을 뜻하는 말로, 원뜻은 palace office '성을 지키는 사람'에서 나온 말입니다.

palatial은 '대궐 같은'의 의미로 palace의 어원인 palatium에서 나온 말입니다. **palazzo**는 palace의 이탈리어어로 영어에서는 궁궐의 의미로 쓰이는 말입니다.

Magnesia

magnet은 '자석' 등의 뜻으로 horseshoe magnet은 '말굽자석'을 말하는 말입니다. 이 자성의 성질을 띤 magnet은 고대에 그리스 북부의 **Magnesia** 산의 돌에서 그 자성의 성질이 발견되어 붙여진 이름입니다.

magnesium '마그네슘'은 탄산 magnesia를 환원시켜 금속의 원소를 얻은 데서 붙여진 이름입니다.

Marathon

marathon은 marathon race의 준말로, 그리스의 **Marathon** 이라는 지방에서 그리스군이 페르시아군을 격파한 곳으로, 이 전쟁의 승리를 위해 아테네 병사 Pheidippides가 이 Marathon에서 Athens ' 아테네'까지 달려가 죽은 것을 기념하기 위해 1896년 처음 아테네에서 시작한 경기입니다.

예전의 페르시아 지방인 지금의 아랍인들이 제일 싫어하는 올림픽 경기로 아랍인들은 이런 역사적인 배경으로 이 경기에 참여하지 않고 있습니다.

Cyprus

copper는 '구리' '동(銅)' 등의 뜻으로, Copper age는 '동기 시대'란 뜻으로 신석기 시대와 청동기 시대의 중간 시대입니다. 이 '구리'의 뜻인 copper는 '동화(銅貨)'의 뜻도 있는 말로, 영국의 penny, farthing, 미국의 cent 등을 말하는 말로, 구리로 만들어져 붙여진 뜻입니다.

copper의 어원은 고대 구리의 산지인 지중해 동부의 섬인 **Cyprus** '키프로스'에서 연유한 말입니다. 고대 라틴어에서는 이 copper를 cyprium이라고 하였습니다.

Jersey

jersey는 주로 운동선수들이 입는 넉넉한 운동복을 뜻하는 말로, 이 말의 어원은 영국의 Channel Island의 근처에 위치해 있는 **Jersey** 섬에서 나온 말입니다. 이 Jersey 섬의 어부들이 입는 전형적인 스웨터를 jersey라고 부르면서 울로 짠 옷의 의미가 되어 지금의

스포츠 저지가 된 말입니다.

Jersey 섬의 이름은 미국으로 건너가 New Jersey라는 지명이
되기도 하였습니다.

Galilee

gallery는 지금은 '화랑' '미술관' 등의 뜻으로 많이 쓰이는 말이지만,
원뜻은 '통로' '복도' 등의 뜻에서 유래된 말입니다. galleria는 백화점
이름에도 있는 말로, 이 말도 상업 시설물과 연이어 있는 '넓찍한 통로'
등의 뜻에서 나온 말입니다.

gallery의 어원은 고대 로마제국의 한 주이며 현재에는 이스라엘의
북부를 가리키는 Galilee '갈릴리' 지방에서 나온 말입니다. 이 **Galilee**
지방은 예수가 주로 이 고장에서 복음을 설교했던 곳으로, 중세에는
예배당의 '통로'를 이 '갈릴리' Galilee 지방의 그림을 그려 생긴 말로, '
예배당의 통로'를 뜻하던 말이 지금의 '화랑' '미술관' 등의 뜻이 된
말입니다.

Galilee 지방의 이름에서 나온 말이 이탈리아의 물리 천문학자인
Galilei Galileo '갈릴레이 갈릴레오'입니다.

Gaul

galosh는 '장화' '덧신' 등의 뜻으로, 이 말은 Gaulish sandal에서 나온 말입니다. Gaulish는 지금의 북 이탈리아, 프랑스 등의 지역을 **Gaul**이라 부른 곳으로, 이 Gaul지역 사람을 Gaulish라고 하고 이 지역에 사는 사람들의 신발을 galosh라고 하였습니다.

Gaul 지역을 고대 로마인들은 '갈리아' Gallia라고 불러 고대 로마제국의 속국으로 만들었는데, 이 Gallia에는 지금의 이 지역인 '프랑스'란 뜻도 생긴 말로, Gallomania는 '프랑스 광'을 뜻합니다.

프랑스의 장군이며 정치가이었던 제5공화국의 초대 대통령인 de Gaulle의 이름도 이 Gaul 지역에서 나온 이름으로, Gaullist는 '드골파 사람'이란 뜻이며, 특히 2차 세계대전 중에 나치 점령 아래 de Gaulle을 중심으로 저항운동을 지지한 프랑스인을 가리키는 말입니다.

Phasian

pheasant는 '꿩'을 뜻하는 말로, 아시아의 이 새의 원산지였던 흑해 연안에 있던 Phasian 강의 이름에서 나온 말입니다. **Phasian** bird의 뜻에서 나온 말로, 지금도 쓰이는 phasianid는 '꿩과의 새'를 뜻합니다.

Bordeaux, Cognac

Bordeaux '보르도'는 프랑스 남서부의 항구도시이며 유명한 포도주의 산지로 여기에서 나는 포도주 이름을 '보르도'라고 포도주의 한 종류의 이름으로 쓰이는 말입니다.

cognac '꼬냑'은 대표적인 브랜디 brandy입니다. 프랑스의 Cognac에서 만들어서 붙여진 말로, '프랑스산 브랜디'를 뜻하는 말이기도 합니다.

Kaffa

coffee의 어원은 야생 커피나무가 우거진 곳인 에티오피아 남서부 지역의 이름인 **Kaffa**에서 나온 말입니다.

coffee는 불어 cafe '커피'에서 온 말로 우리가 쓰는 '차를 마시는 곳'인 '카페'의 뜻은 cafe의 '찻집'의 뜻인 coffee shop이란 뜻으로 coffee에서 나온 말로, 이 cafe는 이탈리아어 말로 caffe라고 합니다.

caffeine 카페인'도 '커피나 차 등에 함유되어 있는 말로, '커피'의 뜻인 cafe와 관련이 있는 말입니다. caffeine '카페인'은 '커피에 들어 있는 흥분제'로, decaf는 '카페인을 줄인 커피'를 뜻하는 말로, decaffinate는 '카페인을 줄이다'의 뜻입니다.

cafeteria 카페테리아는 간이식당 등을 뜻하는 말로, '커피 마시는 장소'의 뜻에서 '식당' 등의 의미까지 생기게 된 말입니다.

Baden Baden

Baden Baden은 우리에게 특히 익숙한 곳으로 1988년도의 서울 올림픽의 개최지로 확정된 유명한 독일 남서부의 휴양도시입니다. 이 도시의 이름은 이 도시가 로마 시대 이래로 온천 휴양지로 유명하여 이름 붙여진 곳으로, 로마 시대의 목욕탕을 bath '바스'라고 하면서 이 bath와 같은 어원에서 만들어진 곳이 Baden Baden입니다.

로마시대의 목욕탕 이름인 bath가 지금도 영어에서 쓰여 '목욕' '온천' 등의 뜻으로 쓰이고 있으며, 지금도 영국의 Avon 주 남동부의 유명한 온천으로 유명한 곳을 Bath라고 부르고 있습니다.

Spa

spa는 '온천' '광천' 등의 뜻입니다. 벨기에 동부에 있는 소도시 **Spa** 라는 곳이 '광천으로 유명한 휴양지'로 이 도시의 이름에서 만들어진 말입니다.

Jura

Jurassic park는 '쥐라기 공원'이라고 하여 유명한 영화 이름이기도 한 말입니다. Jurassic은 '쥐라기' '쥐라기 시대의'라는 뜻의 중생대 시대의 한 이름으로, 이 시대에 육상에서는 거대한 파충류 즉, 공룡이 지배했던 시대였으며 이 Jurassic이란 말은 Jura Mountains에서 나온 말입니다.

Jura 산맥은 프랑스와 스위스 사이에 있는 산맥으로, 이 지역의 지층을 연구하면서 쥐라기 시대의 화석이 있는 석회암층이 발견되면서 만들어진 말이 '쥐라기' Jurassic입니다.

Crete

Cretaceous는 백악기를 뜻하는 말로, 중생대의 마지막 시대를 뜻합니다. Cretaceous라는 말은 영국 남부의 백악층인 **chalk**에서 발견되어 붙여진 말입니다. 백악을 뜻하는 chalk의 라틴어가 바로 creta입니다. 지중해의 **Crete** 섬도 바로 백악층으로 이루어진 섬을 뜻하는 말입니다.

chalk는 백악을 뜻하는 말로, 이것으로 분필을 만들기도 하면서 분필의 뜻으로도 쓰이는 말입니다.

Chelsea 첼시는 런던의 한 지역으로 이곳에서도 chalk가 발견되어 붙여진 말로, Chelsea라는 이름은 13세기 chalk land의 뜻에서 붙여진 이름입니다.

crayon '크레용'은 프랑스에서 들어온 말이며 그 어원은 '석회'를 뜻하는 crete에서 나온 말로, 예전에 그림의 재료가 '석회'였음을 알 수 있는 말입니다. 이 **Crete**는 에게 해 남쪽의 크레타 섬에서 나온 말로, 이 섬을 이루는 석회질로 되어 있음을 알 수 있는 말입니다.

Lemnos

Lemnos는 에게 해 북쪽에 있는 섬의 이름으로, 이 섬이 하얀 석고로 이루어져 붙여진 이름입니다. Lemnos는 석회의 뜻인 lime의 그리스어에서 나온 말이며, Lebanon도 고대 페니키아에서 불렸던 말로 하얀 봉우리의 산이라는 뜻을 가진 말입니다.

delete는 '지우다' '깨끗하게 하다' 등의 의미로, 제거의 접두어 de와 바르다, 석회를 뿌리다의 뜻인 lime이 붙은 말입니다. delete는 고어에서 석회로 표시되어 있던 것을 '지우다'의 의미로 쓰이던 말입니다.

Bublos

bible은 '성경'이란 말로 세계에서 제일 많이 팔린 베스트셀러입니다. 이 bible은 예전에는 '서적' '책' 등의 뜻으로 쓰인 말이며 어원은 papyrus와 관련이 있는 말입니다. 이집트의 papyrus를 수입한 Phoenicia의 항구 도시 이름인 **Bublos**에서 나온 이름입니다.

Bublos는 그리스어로 건너가 biblia가 되어 영어로 건너가 bible이 된 말이 '책' '성경' 등의 의미로 변형되었습니다.

bible은 '책'의 의미가 담겨져 있어 bibliography는 '도서 목록' '문헌 연구 학문' 등의 뜻이며, bibliomania는 '서적수집광' 등의 뜻인 말이 되었습니다.

Caesar

Caesar는 '로마 황제'의 칭호로 특히 Julius Caesar가 Pompeii를 격파하고 독재자가 되면서 '독재자' '폭군' 등의 의미도 생긴 말입니다. Caesar는 러시아로 건너가서 czar로 단순화되었는데, Czar는 러시아 제정시대의 '황제'를 의미하는 말입니다.

Caesar의 C도 K로 변형되어 독일에서는 **Kaiser**로 쓰이게 되었습니다. 이 Czar나 Kaiser는 지금 영어에서도 쓰이는 말이 되었습니다.

Rome

Rome은 '로마'라고 말하는 도시로, '로마'의 발음은 Rome의 이탈리아형인 Roma에서 나온 말입니다. **romance** '로맨스'는 '낭만적인 연애 이야기' 등을 뜻하는 말로, romantic은 '낭만적인' 등으로 많이 쓰이는 말입니다. 이 말의 원뜻은 '로마어로 쓰인'의 뜻에서 나온 말로, 예전의 연애소설 등이 이 로마어로 쓰이며 생긴 뜻입니다.

roam은 Rome에서 나온 다른 말로, '방랑하다' '떠돌다' 등의 뜻입니다. All roads lead to Rome은 '모든 길은 로마로 통한다.'는 말처럼 이 말의 원뜻은 예전의 순례자들이 로마까지 방랑하면서 순례를 하여서 생긴 말로, 'to pilgrim to Rome'은 '로마까지 순례하다'의 뜻인 말입니다. "Do at Rome as the Romans do."란 말은 "로마에 가면 로마 사람의 풍습을 따르라"는 속담입니다.

roaming 로밍은 외국에 나가 다른 회사의 통신망을 이용하는 서비스의 뜻으로 쓰이는 말이지만, 원뜻은 배회하다, 떠돌다 등의 의미에서 나온 말입니다.

ramble은 '산책하다' '정처 없이 걷다' 등의 뜻으로, 이 말은 '거닐다' '방랑하다' 등의 뜻인 roam에서 나온 말로, rambling journey는 '방랑의 여행'이란 뜻입니다.

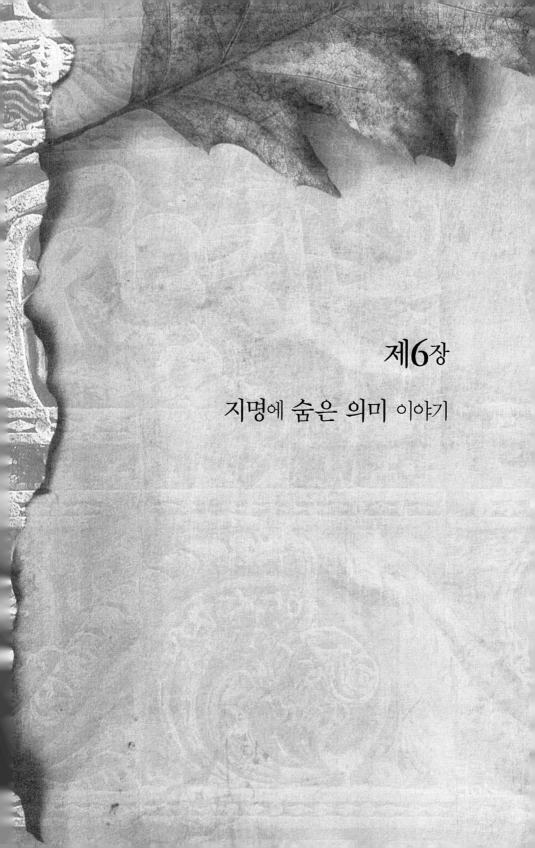

제6장

지명에 숨은 의미 이야기

Rio de Janeiro

도시나 지명에 Rio가 붙은 말은 그 지역의 river '강' '천' 등의 이름에서 따온 지명입니다. 이 Rio란 말은 그래서 river의 라틴어형인 말입니다. 우리나라 지명의 '인천(仁川)' '과천(果川)' '대천(大川)' 등의 '천'과 같은 의미인 말입니다.

Rio de Janeiro '리우데자네이루'는 January의 강, 1월의 강이란 뜻이며, Rio Grande '리오그란데' Rio de Branco '리오 브랑코' 등이 있습니다.

Portsmouth

port는 '들어오는 곳'이란 뜻에서 '항구' '항만' 등의 뜻인 말로, port로 시작되는 도시들은 모두 '항구' 등의 뜻인 말입니다. 미국의 Portland는 Oregon 주의 항구도시의 이름입니다.

Portsmouth는 영국의 남부 항구도시이기도 한 이름이며, 러일전쟁 후에 강화조약이 체결된 미국의 New Hampshire에 있는 항구도시로도 유명한 곳입니다. 이 Portsmouth의 port는 '항구' '항만'을 뜻하며, mouth는 '입 구(口)'를 뜻하는 말로 '항구(港口)'의 뜻인 말이 지명이 된 말입니다.

port의 '들어오는 곳'이란 뜻은 우리가 인터넷에서 자주 쓰는 말인 portal site의 portal '입구' '정문' 등의 뜻으로도 portal site는 '다른

곳으로 들어가기 위해 거치는 곳'이란 뜻입니다. airport는 '공중으로
들어오는 항공을 의미하는 '공항(空港)'을 뜻하는 말입니다.

Amsterdam

Amsterdam은 네덜란드의 수도로 이 지명은 '둑을 쌓다'의 의미에
서 나온 말로, 이 Amsterdam이란 곳이 '둑을 쌓아 만든 곳'이란 뜻
에서 dam이 붙은 말입니다. 이 dam은 우리가 흔히 '댐'이라고 하여
'물을 가두는 곳'이란 뜻으로 쓰는 말이지만, 원뜻은 '둑을 쌓다' '둑을
쌓아 막다' 등의 의미에서 나온 말입니다. a storage dam은 '저수용
댐'을 말합니다.

Rotterdam도 같은 어원에서 나온 말로, 네덜란드의 남서부의 항
구 공업도시입니다. Potsdam '포츠담'도 독일 베를린 근교에 있는 도
시로, 2차 세계대전 후에 미국 영국 소련이 모여 여러 가지 처리 문제
를 논의한 곳으로도 유명한 곳입니다.

Antwerp

wharf도 '부두' '선창' 등의 뜻으로 '부두에 닿다' 등의 의미도
있습니다. 이 말은 네덜란드어의 werf에서 온 말로 원뜻은 '강둑' '해안'

등의 뜻으로 쓰이던 말이 '선창' '부두' 등의 의미가 된 말입니다.

messenger나 passenger처럼 '부두 관리인' 등의 의미로 n이 첨가되어 wharfinger라고 합니다.

벨기에 북부 항구도시 **Antwerp**는 앞을 뜻하는 anti에 부두 wharf가 붙은 말입니다.

Arsenal

Arsenal은 잉글랜드 런던의 북부에 위치해 있는 곳으로, Arsenal 이라는 이름은 이곳이 무기를 생산하고, 보관하고, 수리했던 곳을 뜻하는 말로, 이 Arsenal 지역은 로마시대 라틴어 무기를 뜻하는 말로, 영어의 무기를 뜻하는 arm과 같은 뜻의 말입니다.

Arsenal이 위치한 지역은 고대부터 화약 공장, 텐트, 마구, 안장 등을 만들던 곳으로, Arsenal의 애칭은 포병의 뜻인 Gunner입니다.

Sunderland

Sunderland는 영국의 South Tyneside의 끝에 위치해 있는 곳으로, 분리되어 나온 땅을 의미에서 나온 말입니다. sundry는 '다양한' '여러 다른' 등의 뜻으로 asunder는 '떨어진' 등의 뜻으로 지금도 사용되고 있습니다.

Alps

Alps는 알프스는 유럽에 있는 산맥 이름으로 최고봉은 Mont Blanc 입니다. '아주 높은' '고산의' 등의 뜻인 **alpine**은 바로 Alps에서 나온 말로, 스키에서 회전과 활강으로 이루어진 경기를 alpine이라고 합니다.

Alps의 어원도 Mont Blanc의 Blanc이 '하얀'의 뜻인 blank에서 온 것처럼 '하얀'의 뜻인 album에서 나온 말로 '흰 산'이란 뜻입니다.

계란의 '흰자'를 **albumen**이라고 하며, '앨범' '사진첩' 등의 뜻인 album도 그 어원은 '하얀 판'을 뜻하는 말입니다. 단백질(蛋白質)도 하얀색의 의미에서 붙여진 말로, 영어로는 albumin이라 합니다.

Albania 알바니아는 흰 독수리가 사는 땅의 의미에서 나온 말입니다. **elf**는 동화책에 나오는 귀가 뾰족하고 마술을 부리는 요정을 뜻하는 말로, 머리색이 하얀 요정을 뜻하는 말입니다.

Himalaya '히말라야'도 비슷한 말로, 인도어로, hima는 '하얀' 또는 '눈'을 뜻하는 말로, '눈에 덮인 산'을 뜻하는 말입니다. himalayan 에는 소형의 애완용 '흰 토끼'를 말합니다.

Melanesia

melanism은 '흑색증'이란 말로 피부 등이 검은색으로 변한다는 뜻입니다. melanin은 '흑색소'란 말에서 나온 말로 '멜라닌' melanin

이란 말은 화장품 선전에도 많이 나오는 말로 피부를 검게 하는 색소란 뜻으로 쓰이는 말입니다.

피지 섬과 뉴기니 섬 사이에 **Melanesia**란 섬이 있는데 이 섬의 원주민의 피부색이 유난히도 검어서 붙여진 이름입니다.

melancholy '멜랑콜리'는 프랑스에서 온 말로 원뜻은 '마음이 어두운'의 뜻으로 '침울한' '우울한' 등의 뜻이 된 말입니다. '검은'의 의미인 melan과 담즙 등의 뜻인 chloe가 붙은 말로, 예전의 사람들은 우울한 마음이 검은 담즙에서 나왔다고 믿었습니다.

Buenos Aires

Buenos Aires '부에노스아이레스'는 아르헨티나의 수도인 도시입니다. bueno는 스페인어에서 온 말로, 불어의 bon과 같은 어원에서 나온 말이며 '좋은'의 뜻입니다. Aires는 바로 '공기'의 뜻인 air의 뜻인 말로, '좋은 공기'라는 뜻의 Buenos Aires가 지명이 된 말입니다.

Bueno가 들어간 다른 지명으로는 멕시코 북부의 도시 이름인 Buena Vista가 있는데, vista '경치' '전망' 등의 뜻인 말이 붙어서 이루어진 말로 '경치가 좋은 곳'이란 뜻입니다.

Brooklyn, Brussels

brook은 '시내'라는 표현이 어울릴 정도의 작은 강을 말할 때 쓰이는 말로, 이 말의 어원은 '깨뜨리다' '갈라지다' 등의 뜻인 break에서 나온 말이며 brook은 큰 물줄기에서 '갈라진 시내'의 뜻입니다.

미국 New York의 한 주인 '브루클린' **Brooklyn**도 East river를 사이에 두고 맨해튼과 맞은편에 있어서 붙여진 이름입니다.

벨기에 수도 **Brussels** 브뤼셀도 강 옆에 있는 도시를 뜻하는 brook에서 나온 말입니다.

the Pacific Ocean

the Pacific Ocean은 태평양의 뜻으로, 마젤란이 세계 일주를 하면서 태평양에 도달하여 그 해상이 잔잔하고 평화로워 붙여진 이름으로 pacific은 '평화로운' '태평한' 등의 뜻인 말이어서 '태평양'이라고 이름 붙여진 대양입니다. 태평한' 등의 의미인 pacific은 '평화'를 의미하는 peace에서 나온 말입니다.

the Atlantic Ocean

the Atlantic Ocean은 유럽과 아메리카 대륙에 있는 '대서양' 그리스의 Plato가 서쪽 바다 건너서 있다고 믿었던 낙원의 섬의 이름인 Atlantis 섬에서 나온 이름입니다.

이 섬은 전설상의 섬으로 천벌을 받아 하루 사이에 침몰했다고 하는 섬으로, 이 Atlantis의 어원은 그리스 신화에서 하늘을 양어깨에 짊어진 거인인 Atlas에서 나온 말입니다. 이 Atlas는 1595년에 지리학자인 Mercator가 출판된 지도책의 첫머리에 하늘을 짊어진 Atlas의 그림을 붙여 이때부터 '지도서' '지도책' 등의 뜻으로도 쓰이는 말이었습니다.

the Indian Ocean

the Indian Ocean '인도양'은 아프리카와 오스트레일리아 사이에 있는 아시아 남부의 바다를 말하는 말로 말 그대로 '인도' India에서 나온 말입니다. 이 '인도' India란 말은 Indus에서 나온 말로 이 Indus 는 아시아 남부의 큰 강으로 여기서 발생한 문화가 바로 '인더스 문명' 으로 4대 문명의 발생지입니다.

Arctic, polar

Arctic은 '북극의' '북극 지방의' 등의 뜻으로, arctic의 어원은 그리스의 곰을 의미하는 arktos에서 온 말입니다. 예전에 북극 지방에 곰이 많이 살고 있었음을 암시하는 말입니다.

arctic에는 '곰'의 의미가 남아 있는 말이 있는데, 별자리 중에 Arcturus 자리는 '곰의 안내자'의 의미를 포함하고 있는 말입니다.

antarctic은 반대의 접두어 anti가 붙은 말로, 남극을 뜻하는 말입니다.

polar는 북극을 뜻하는 말로, 회전축의 의미인 pole에서 나온 말입니다. pole은 그리스의 회전축을 뜻하는 말로, 프랑스어로는 pivot인 말입니다. polaris는 polar star의 뜻으로, 북극성을 뜻하는 말이며, polar bear는 arctic과 비슷한 의미인 북극곰을 뜻합니다.

polaroid 폴라로이드는 전기의 자기장 속에 있는 원자와 같은 물질의 변하여 전기 양극에 생기는 빛인 polarization에서 나온 말로, 지구의 양극 자기장과 같은 의미에서 만들어진 말입니다.

Latin

Latin은 '라틴어'의 의미로 많이 쓰이는 말로, 이 Latin은 지금의 이탈리아 중부의 지명에서 나온 말입니다. 이 Latin은 고대 이탈리아의 Latium 지방을 뜻하는 말로, 이곳이 넓은 평야 지대여서 붙여진 말이며, latus에서 나온 이름입니다.

latitude는 latus에서 나온 말로, '평평한' '옆의' 등의 의미에서 '위도' 등의 뜻인 말입니다. longitude는 '긴'의 뜻인 라틴어의 longus에서 나온 말로, longitude는 '위도'의 반대인 '경도'의 뜻인 말입니다.

Latin은 Rome시의 남동쪽에 있던 고대의 부족 국가였는데, 이 지방의 사람들이 쓰는 말이 지금의 라틴어가 되었고, 이 라틴어는 그 언어와 문화가 여러 지방으로 이어져 라틴어계의 언어에는 프랑스어 스페인어 이탈리아어 포르투갈어 등이 이 라틴어계열의 언어이며 영어에도 많은 영향을 준 말입니다.

중남미 국가를 **Latin America**라고 하는데, 이곳의 국가들이 스페인이나 포르투갈어 등의 라틴어계의 언어를 공용어로 하는 나라들이어서 붙여진 말이 라틴 아메리카입니다.

제7장

인명에 담긴 뜻 이야기

Ernest

earn은 '돈을 벌다' 등의 뜻으로, earn은 독일어 '수확하다'의 뜻인 ernte에서 온 말입니다. earning은 '수입'의 의미이며, 주식에서 많이 쓰이는 earning surprise는 기업의 수입 실적이 예측을 넘어 투자자를 놀라게 하는 것을 뜻합니다.

earnest는 '성실한' 등의 뜻으로, 독일어의 '진지한'의 뜻인 ernst에서 온 말입니다. 남자 이름인 **Ernest**도 독일계 이름으로, 진지한 사람의 의미가 있는 말입니다.

Salmon

salmonella 살모넬라는 식중독을 일으키는 균을 뜻하는 말로, 연어를 뜻하는 salmon에서 온 말이 아닙니다. 이 salmonella 균을 발견한 미국의 의사인 **Salmon**의 이름에서 만들어진 말로, 결국의 균은 연어와는 관련이 없지만, 연어의 의미를 가지고 있는 말입니다.

Medici

Medici 메디치는 중세 이탈리아 명문 가문으로, 그 어원은 '치료하다'의 의미에서 나온 말입니다. medicate '치료하다' medical '의학의' '의료의' 등의 말에서 나왔으며, medical의 어원은 '조치' '수단' 등의 뜻인 measures에서 s가 d로 변화하여 생긴 말입니다. 즉, '조치(調治)하다'의 뜻에서 '치료(治療)하다' 등의 뜻이 된 말입니다.

medicine은 '마이싱'이라고 잘못 읽는 말로, '내복약' '약' 등의 의미로 많이 쓰는 말입니다.

Notre Dame

Notre Dame 노트르담은 '사원' 이름으로, 불어식 발음이 지금 우리가 쓰는 말입니다. 영어식 발음은 이와 다소 다른 말로, 미국에는 Notre Dame 대학의 이름으로도 쓰이는 말로, 농구팀이 유명한 학교 이름입니다.

Notre Dame의 원뜻은 '우리들의'의 뜻인 Notre와 '처녀'의 뜻인 Dame이 합쳐져서 만들어진 말로, '우리들의 처녀' 즉, '성모 마리아'를 뜻하는 말입니다.

Nostradamus '노스트라다무스'는 프랑스의 점성학자로 이 Notre dame의 라틴어명입니다.

Martin

Martin은 '용감한' '군인의' 등의 뜻인 martial과 같은 어원을 가진 말로, '용감한 사람' '군인'의 의미가 들어 있는 이름입니다. '훈련이 엄격한 군인'을 martinet라고 하는데, 이 말도 martial에서 나온 말로, 이 말들은 모두 '군신'인 Mars에서 나온 말입니다.

Martin의 여성 이름은 Martina, Marty 등으로 많이 쓰이고, 스페인어로는 이탈리아에서는 Martini로 쓰이는 말로, 이 Martini가 만든 술이 '마티니' martini로 martini cocktail의 준말입니다.

Armstrong

달에 최초로 먼저 발을 디뎠던 우주비행사 **Armstrong**의 이름의 뜻은 '팔 힘이 센'이란 뜻의 이름입니다. 그리고 '팔'이라는 뜻도 사용되어 armchair는 '팔걸이의자'의 뜻이고, armful은 '양팔 가득'이란 뜻인 말입니다.

Guerrero

Guerrero는 '전사' 등의 뜻에서 나온 말이며, guerilla 게릴라는 스페인어에서 온 말로, 전사의 의미입니다. guerilla는 영어에서는

warrior로 쓰이는 말로, g가 w로 변한 말입니다.

guerilla는 스페인어의 '투쟁' '전쟁' 등의 뜻인 guerra가 영어의 '전쟁' '전투' 등의 뜻인 war가 된 말입니다.

quarrel은 말로 하는 논쟁을 뜻하는 말로, 라틴어 quarilla에서 온 말입니다.

Richard

rich는 '부유한' '돈 많은' 등의 뜻으로, 'The rich are not always happy.'는 '부자라고 꼭 행복한 것은 아니다'란 뜻입니다. rich는 '호화로운' 등의 뜻에서 나온 말로, '호사한' '호화로운' '왕의' 등의 뜻인 regal과 같은 어원에서 나온 말로, a rich banquet은 '호화로운 식사'를 뜻하는 말입니다.

Richard는 '왕의'란 뜻인 rich와 '단단한' '튼튼한' 등의 뜻인 hard가 붙어서 된 말로, '힘이 있는 왕'의 뜻에서 나온 말입니다.

Harold

Harold는 주로 남자 이름으로 많이 쓰이며, 이 Harold의 원뜻은 '군인' 등의 뜻입니다. 그 어원은 '침략하다' 등의 뜻인 harry에서 나온 말로, 이 '침략하다' 등의 뜻인 harry는 그대로 이름에 Harry라는 이름으로도 쓰입니다.

군인의 뜻인 Harold는 '선구자(先驅者)' '전령(傳令)' 등의 뜻인
herald와 같은 어원으로, 예전의 원뜻은 왕의 포고를 귀족에게
전달하는 '전령'에서 나온 말입니다.

Murphy

Murphy는 아일랜드의 가문에서 나온 이름으로 Murphy's law는 '
머피의 법칙'이라고 하여 '잘 되지 않을 것 같은 일은 결국 잘 되지
않는다.'는 뜻입니다. Murphy는 아일랜드 농부의 주식인 '감자'란 뜻인
murphy에서 나온 말입니다.

Morgan

Morgan은 스코틀랜드에서 많이 쓰이는 이름으로, '아침'이라는
뜻에서 나온 이름입니다.

morning은 '아침' 등의 뜻으로, 독일어 morgen에서 온 말입니다.
Good morning의 독일어는 Guten morgen입니다. **morgen**의
원뜻은 '혼자서 오전 중에 할 수 있는 땅의 양의 뜻에서 나온 말입니다.

tomorrow는 morning에 접두어 to가 붙어 '내일'의 뜻이 된 말로,
원뜻은 오는 아침의 의미에서 나온 말입니다. tomorrow의 정확한

뜻은 '그 다음으로 향하는 아침'이란 뜻인 말입니다.

Bach

Bach라는 이름은 음악의 아버지로 불리기도 하는 말로, 독일의 이름으로 많이 쓰이던 이름입니다. Bach의 원뜻은 '학사' '젊은 기사' 등을 뜻하던 말인 bachelor의 의미에서 나온 말로 이 bachelor에는 '미혼 남자'란 뜻도 있어 bachelor party는 '총각 파티'라고 하여 결혼 직전의 남자를 둘러싼 남자들만의 '이별 파티'를 의미하는 말이기도 합니다.

bachelor의 어원은 프랑스의 중등학교 졸업과 국립 종합대학의 입학 자격을 주는 국가 자격시험을 뜻하는 '바칼로레아' baccalaureat 에서 나온 뜻을 baccalaureate는 '학사학위' 등의 뜻으로 지금도 쓰이는 말입니다.

baccalaureate의 어원은 나무를 뜻하는 baculum에 월계나무를 뜻하는 laurel이 붙은 말로, 고대에 학생들이 들고 다니던 월계나무에서 유래했으며, 이 말이 줄어서 학사 등을 뜻하는 bachelor가 된 말입니다.

Wolfgang

wolf는 '늑대' '이리' 등을 뜻하는 말로, 'To mention the wolf's name si to see the same.'은 '호랑이도 제 말 하면 온다.'란 뜻입니다. 이 wolf는 독일어에서 온 말로, 독일의 음악가 Mozart의 이름이 바로 '볼프강' Wolfgang으로 '가다'의 의미인 going의 변형으로, gang에 '늑대'의 뜻인 wolf가 붙은 말이며, '걷는 늑대'란 뜻입니다.

wolf에서 나온 wolve는 '늑대같이 날뛰다' '이리 같은 소리를 내다' 등의 뜻인 말입니다.

Lupin

wolf는 라틴어의 **lupus**에서 온 말로, 영어로 건너와 두음 w가 생긴 말입니다. 루팡 **Lupin**은 프랑스어에서 많이 쓰이는 이름으로, 늑대를 뜻하는 이름이며, Lupus는 별자리 중에 이리자리를 뜻하기도 합니다.

lupus는 대상포진이란 뜻도 있는 말로, 중세시대에 늑대에 물려서 걸리는 병이라고 하여 생긴 말이기도 합니다.

Columbus

columbine은 우리말로는 '매발톱꽃'이라고 하는 말로, 이 꽃은 그 모양이 비둘기 같아서 붙여진 이름으로 이 columbine에는 '비둘기의' '비둘기 색의' 등의 뜻도 있는 말입니다. 이 말의 어원은 라틴어의 columba에서 나온 말로 columba는 '비둘기'를 뜻하는 말이며, 별자리 중에서 '비둘기자리'를 Columba라고도 합니다.

이탈리아 태생의 항해사로 아메리카 대륙을 발견한 Columbus의 어원도 이 '비둘기'의 뜻인 columba에서 나온 이름으로, 지금도 미국의 많은 지명 이름으로 쓰이는 말이며, Columbus에서 나온 Columbia의 지명도 많습니다,

Lucifer

Lucifer는 '샛별'의 뜻으로, '빛' '밝은' 등을 뜻하는 lucid와 '나르다'의 뜻인 fer가 합해진 말로 '빛을 나르다'의 뜻에서 '샛별'이 된 말입니다. 참고로 천문학에서 가장 밝은 별을 lucida라고 합니다.

ferry는 '나르다'의 의미인 fer에서 온 말로, 나르는 배, 페리선 등의 뜻이 된 말입니다.

Valentine

Valentine이란 이름은 '용감한'의 의미인 valiant에서 나온 말로, 성인의 이름으로 유명한 말입니다. **valiant**는 '용감한' 등의 뜻으로 쓰이는 말로, '가치 있는'의 의미에서 '힘이 있는' 등의 의미로 쓰이던 말입니다.

equivalent는 '같은'의 뜻인 equal에 valiant의 뜻인 valent가 붙은 말로, 같은 '가치를 가지는' '동등한' 등의 의미입니다. **value**는 가치란 뜻으로, 불어에서 쓰이던 말이 그대로 들어와 쓰이는 말이 되었습니다.

evaluate는 접두어 e가 붙어 '평가하다'의 뜻이며, **prevail**은 '우세하다' '승리하다' 등의 뜻으로, 가치 있는 등의 뜻인 valid와 같은 어원에서 나온 말입니다.

Walter

wield는 '지배하다' '통제하다' 등의 뜻으로, '용감한' 등의 뜻인 valid 와 같은 어원에서 나온 말로 v가 w로 변한 말입니다. wield에서 나온 이름인 Walter는 '지배자' '통치자' 등의 의미가 숨어 있는 이름입니다.

Goerge

George는 독일어에서는 George '게오르게'라고 말하는데, 독일의 유명한 시인 이름이기도 합니다.

George의 어원은 '땅'이란 뜻인 geo와 영어의 work의 어원인 말인 erge가 붙어서 만들어진 말로, '땅에서 일하는 사람'이란 뜻인 이름입니다. geology는 '땅을 연구하는 학문' '지질학' 등의 말입니다. geography는 '땅 그리기'의 뜻인 말로 '지형' '지리' '지리학' 등의 뜻인 말입니다.

geometer는 '재다'인 뜻인 meter가 붙은 말로, '땅을 재다'의 뜻인 말로, 여기서 '공간의 성질을 연구한다.' 등의 뜻의 '기하학'이 된 말입니다.

geocentric은 '지구 중심적인'의 뜻인 말로 geocentric theory는 '하늘이 지구를 중심으로 돈다'는 '천동설'인 말이고 이 말의 반대는 '태양이 중심적인'의 heliocentric입니다.

Thorndike

dugout '더그아웃'은 야구에서 구장의 한 곳을 판 곳으로 '선수 대기소'를 뜻하는 말로, '파다'의 과거분사형인 dug에서 나온 말입니다. 이 '파다'의 dig에서 나온 말이 **dike**로 이 dike도 **ditch**와 같은 '도랑' '제방' 등의 뜻인 말입니다.

Thorndike는 미국의 심리 교육학자의 이름으로도 유명한 말로, 이 이름의 원뜻은 '제방' '도랑' '장벽' 등을 뜻하는 dike와 '가시' 등의 뜻인 thorn이 붙어서 만들어진 이름으로 '가시로 만든 장벽이나 제방' 등을 뜻을 가진 이름입니다.

Dorothy

Dorothy는 '신의 선물'이란 뜻으로, '주다'의 뜻인 dora와 '신'을 뜻하는 The가 합하여져서 만들어진 말입니다.

Theodore도 같은 뜻에서 나온 이름으로, '신'을 뜻하는 The에 '주다'의 뜻인 dora가 붙어서 된 말로, '신의 선물'이란 뜻입니다.

dose는 '1회분' '약을 주다' '투약하다' 등의 뜻인 말로, 이 말도 '주다'의 의미인 donate나 dora에서 나온 말로, 약의 '위험성이 없는 최대량'을 the Maximum dose라고 하며, 반대로, '약효를 내는 최소량'을 the Minimum dose라고 합니다.

Nightingale

nightingale '나이팅게일'은 지빠귀의 일종으로, 봄에 그 수컷은 저녁부터 심야까지 아름다운 소리를 내어 울어서 이름 붙여진 새입니다. '밤'을 의미하는 night에 '울다'의 뜻인 gale은 '고함을 치다' '

부르짖다' 등의 뜻인 yell의 변형인 말입니다.

yell에 p가 첨가된 yelp도 '고함치다'의 의미입니다.

Augustus

august는 '큰' '위풍 있는' '위엄 있는' 등의 뜻으로, 로마의 최초 황제 이름인 **Augustus** '아우구스투스'의 의미이기도 한 말입니다.

augment는 '증가시키다' '크게 하다' 등의 뜻으로, '크게 하다' 등의 뜻인 August와 같은 어원입니다. augment에서 나온 auction '옥션' '경매' 등의 뜻으로, ct가 g로 변하여 생긴 말입니다.

'늘리다' 등의 뜻인 augment에서 나온 inaugurate는 '시작하다' '개시하다' 등의 뜻인 된 말로 여기에서 '취임하다' 등의 의미로 많이 쓰이고 있는 말입니다.

Gadget inspector

gadget는 '장치' '기계장치' 등을 뜻하는 말로, 프랑스어의 자물쇠의 걸림쇠를 뜻하는 gachette에서 온 말입니다.

Gadget inspector는 만화 가제트 형사를 뜻하는 말입니다.

gadget에서 나온 widget은 소형장치, 부품 등의 뜻으로, 요즘에는 스마트 기기에서 많이 쓰는 말입니다.

Popeyes

Popeyes는 '튀어나온 눈'을 뜻하는 말로, Popeye는 우리말로, '뽀빠이'로 미국만화의 주인공인 선원을 말하며, 미 속어로는 '시금치'란 뜻도 있는 말입니다.

pop에는 의성어의 '펑' 소리를 나타내는 말에서 '펑하다' '펑 소리가 나다' 등의 뜻도 있는 말로, 우리말의 '뻥' '뻥 소리가 나다' 등의 뜻과 비슷한 말입니다. 'The cork popped.'는 '코르크 마개가 펑하고 뽑혔다'란 뜻입니다.

popcorn '팝콘'은 '옥수수를 튀긴 콘'을 말하는데, 이 옥수수를 튀길 때 펑하는 소리가 나서 붙여진 말입니다.

제8장

자식을 나타내는 이름 이야기

Junior

Junior는 라틴어에서 온 말로, 아들의 이름을 아버지와 똑같이 할 때 아들의 이름 앞에 붙이는 말입니다. junior는 '손아래의' '젊은' 등의 뜻인 말로, 이 junior는 영어에서는 j가 y로 변형되면서 young이란 말이 되었습니다. '청년' '젊음' 등의 뜻인 youth도 이 junior와 같은 어원을 가진 말입니다.

junior는 '젊은' 등의 뜻인 juvenile에서 v가 탈락하여 만들어진 말입니다.

Fitzgerald

Fitz는 '~의 아들' '자식임' '친자관계' 뜻인 filial의 준말로 이름의 앞에 붙어 가문을 나타내는 말입니다. Fitz는 주로 앵글로 노르만족의 이름으로, Fitzgerald Fitzwilliam Fitzhugh 등이 있습니다.

filial에서 나온 filiation은 자식 관계, 친자 확인 등의 뜻이며, affiliation은 접두어 ad가 붙어 입양 등의 뜻에서 가입, 합병 등의 뜻이 된 말입니다.

Mac Arthur

Mac이나 Mc은 아일랜드어로 son의 뜻인 말입니다. 이런 이름에는 Macbeth, Mac·Arthur, Mcdonald, Mckenzie, Mckenley, Mcintosh 등이 있습니다.

Mac은 고스어의 '소년'을 뜻하는 magus에서 나온 말로, 하녀를 뜻하는 **maid**도 같은 어원에서 나온 말입니다.

Mcintosh 매킨토시는 컴퓨터의 한 종류로 쓰이는 말이지만, 원뜻은 '빨간 사과'를 뜻하는 말입니다. **Mcintosh**는 온타리오 지역의 한 농부의 이름으로, 그 농부가 1796년 자기 농장에서 발견한 빨간 사과나무를 발견하고 그것을 과수로 재배하면서 붙여진 이름입니다. 지금은 이 사과를 상징으로 하는 컴퓨터의 이름으로 더 잘 알려진 말입니다.

Ben

Ben은 헤브루어에서 온 말로, '아들'을 뜻하는 말입니다. Moses ben Maimon는 '모세의 아들 마이몬'이란 말입니다. Benjamin은 성경에서는 베냐민으로 나오는 사람으로 Jamin의 아들이란 뜻입니다. Jamin는 '오른손'이란 뜻으로, 서양에서의 '오른쪽'은 행운을 뜻하는 말입니다.

Bentham도 'Tham의 아들'이란 뜻에서 나온 이름이며, 영화 Ben Her '벤허'의 주인공인 유대인 Ben Her도 같은 어원에서 나온 말입니다.

Reuben도 헤브루어에서 온 이름으로, 원뜻은 '아들을 보다'의 뜻에서 나온 말로 애칭으로 Rube나 Ruby 등으로 쓰이기도 합니다.

Ibn은 Ben의 아랍형인 말로, Ibn의 두음 I가 탈락하여 Ben이 된 말입니다. Ibn Saud는 사우디아라비아의 초대 국왕으로, 지금 Saudi Arabia 국명의 어원이 된 말로, 이 Ibn Saud '이븐사우드'는 '사우드의 아들'이란 뜻입니다.

Johnson

Johnson처럼 이름 뒤에 son이 붙은 이름들이 있습니다. 이런 이름들은 '아들'을 뜻하는 son이 붙어서 '누구의 아들'임을 나타내는 말로, Johnson은 son of John을 뜻합니다. 이런 이름에는 Thomson,

Williamson, Wilson, Michelson, Jackson, Jason, Peterson, Hopkinson, Jameson 등 수많은 이름들이 있습니다. Davis는 Davyson의 준말로, son of David '다비드의 아들'이란 뜻입니다.

Samson '삼손'은 구약성서에 나오는 천하무적인 용사의 이름으로 이 Samson의 뜻도 헤브루어로 '태양의 아들'을 의미하는 말이며, 이 Samson의 이름을 따서 만들어진 광물 이름이 samsonite로 독일 중부의 산맥에서 발견된 광석의 이름입니다.

Mendelssohn '멘델스존'은 '독일의 작곡가'의 이름으로 이 이름은 '멘델의 아들'이라는 뜻입니다. 독일어로 '아들'을 뜻하는 son의 독일어형인 sohn이 Mendel의 뒤에 붙어서 만들어진 말로, 독일 사람임을 간접적으로 나타내어 주는 말입니다.

Amundsen 아문센은 최초로 남극에 도달한 노르웨이 사람으로, Amund의 아들을 뜻하는 sen이 붙은 이름입니다.

O'conner

성이나 이름 앞이나 뒤에 붙어서 다른 성을 만드는 말들이 있습니다. 이런 말들은 대개 아일랜드나 스코틀랜드의 전통에서 나온 성들입니다.

이름 앞에 **o'**가 붙은 말은 of 또는 of son의 준말로 '누구의' '누구의 아들' 등의 의미입니다. 예로, O'Conner, O'Hara, O'Mally 등이 있습니다.

O'Neal, Nelson

O'Neal은 'Neal의 아들'을 의미하며, Nelson은 'Nel의 아들'을 뜻하는 말로, Neal과 Nel은 모두 Neil에서 나온 어형으로 같은 의미인 '용감한' 등의 뜻이 있는 이름입니다.

Neil에서 나온 **Neilson**은 남자 이름으로 많이 쓰이는 이름으로 미국의 영문학자로도 유명한 이름이며, Neil에서 나온 O'Neille은 노벨문학상을 받은 미국의 극작가 이름이기도 합니다.

Ivanovich

Ivan은 러시아어 이름으로, 영어의 John과 같은 어원을 가진 말입니다. John의 어원은 성경의 Yohan으로, 이 Yohan이 Johan이 되어 여성 이름 Joan으로도 쓰이기도 하고, 다시 그리스어의 Ioan이 된 이름입니다. 이 Ioan은 다시 영국으로 건너가 Ian이 되었는데, 이 Ian은 주로 스코틀랜드인들의 이름에서 많이 쓰이는 말로, 이 Ian이 러시아로 건너가 만들어진 말이 Ivan입니다.

Ivanovich의 vich는 영어의 '아들'을 뜻하는 son을 뜻하는 러시아어로 son of Ivan을 뜻하는 말이며, 어원적으로는 Johnson과 같은 뜻입니다.

Dickens

Dickens도 그 의미에서 kin이 붙은 말로, Dickens는 'Dick의 친족들'이란 뜻이 포함되어 있는 말입니다. 이런 이름들에는 Wilkins, Jenkins 등이 있는데, Jenkins는 'John가의 사람들'이란 뜻입니다.

사람과 닮은 인체 모형 '마네킹' manikin도 '사람의 부류' 라는 뜻에서 나온 말로, manikin은 mannequin으로도 쓰입니다.

Vancouver

Van은 '~에서 온'의 뜻으로, Vancouver는 탐험가로 캐나다의 주 남서부 도시를 유럽인 최초로 발견한 사람이기도 한 말입니다. Vancouver의 뜻은 Couver 출신인 사람이라는 뜻입니다.

Van dyke나 Van Allan 등도 같은 뜻에서 나온 말로, van은 독일어의 '~부터'의 뜻인 von과 같은 어원으로 '다니다' 등의 뜻인 wander와 같은 어원에서 나온 말입니다.

Vandal은 반달족을 뜻하는 말로, 로마제국을 침범한 게르만족의 일파로 발트 해를 출발해 북아프리카에 나라를 만든 사람들입니다. valdal의 어원도 '떠돌아다니다'의 뜻인 wander와 같은 어원에서 온 말로, valdalize는 '약탈하다' 등의 뜻으로, 로마시대에 약탈을 일삼았던 민족의 특징을 나타내는 말입니다.

제9장

성경에 나온 이름 이야기

Messiah

Messiah는 '구세주' '메시아' 등의 뜻으로 쓰이는 말로, 영어 발음은 이 헤브루어 발음과 다른 점에 주의해야 합니다. 이 Messiah는 유대인이 대망하고 있는 구원자를 뜻하는 말로, 이 말의 어원은 '성유를 바르다' 등의 뜻인 anoint와 같은 뜻에서 나온 말입니다.

Messiah는 '성유를 바르다' '기름을 발라 깨끗이 하다' 등의 뜻에서 나온 말로 '성별(聖別)된' '봉헌하는' 등의 뜻인 말에서 '구세주' 등의 뜻이 된 말입니다.

Joseph

John이 헤브루어 이름인 Yohan에서 나온 말처럼 **Joseph**도 헤브루어 이름인 Yoseph '요셉'에서 나온 이름입니다. 나폴레옹의 첫 번째 부인인 Josephine도 이 Joseph에서 나온 여성형 이름입니다.

Jordan, Douglas

Jordan은 남자 이름으로 많이 쓰이는 말로, 이 이름은 지금은 레바논에서 발원하여 사해로 흘러드는 '요르단 강' Jordan river에서 세례를 베풀어서 이 강의 이름을 따서 붙인 이름이 Jordan '조던'이 되었습니다.

Douglas는 랭크셔 지방의 Dubh glas 호수의 이름에서 나온 이름으로, 스코틀랜드의 명문의 가문 이름이 되어 다시 세례명이 된 말입니다.

Jehovah

Jerry는 Jerome나 Gerald의 약자이며, 성경의 Jeremiah '예레미야'에서 온 말로 **Jehovah** '여호와'의 의미가 들어 있는 말입니다.

Sara

Sara는 헤브루어에서 나온 이름으로 원뜻은 '다스리는 사람'이라는 뜻입니다. 캐스터네츠를 갖고 추는 활발한 스페인 춤 '사라방데'도 스페인의 지명인 Saraband에서 나온 이름이며, Sarajevo 사라예보 등도 sara의 의미가 들어간 지명들입니다.

Europe

Europe은 헤브루어로 '해가 지는 곳'을 뜻하는 말로, Orient와는 반대의 의미를 가진 말입니다.

Europe은 페니키아어 서쪽, 해가 지는 곳 등의 의미인 ereb에서 온 말입니다.

Peter

Peter '피터'는 우리가 흔히 듣는 이름으로, 대표적으로 동화에 나오는 Peter Pan이 있습니다. Peter는 스페인어로는 pedro라고 하여 지금 성경에 예수님의 제자로 나오는 '베드로'의 발음이 된 말입니다. 러시아어로는 '표트르' Petr로 바뀌어, 러시아의 황제 이름인 '표트르 대제'의 이름이 되었고, 이탈리아에서는 Pietro '피에트로'라고 합니다.

프랑스어에서는 이 Pietro에서 t가 생략된 **Pierre** '피에르'가 되어, 서커스의 어릿광대를 '피에로' Pierrot라고 부르는 것도 Peter의 프랑스어명인 Pierre에서 나온 말입니다. Pierrot는 다시 i가 생략되어 perrot이 되었는데, 이 말이 영어로 가서 '광대처럼 사람 말을 따라하는 사람' parrot '앵무새'란 말이 되었습니다.

프랑스어형인 pierre도 역시 '돌'이란 뜻의 pier이란 말이 되었는데, 이 pier는 '바다에 쌓아 놓은 돌'의 뜻으로 '방파제' '부두' 등의 뜻인 말입니다.

Christopher

Christopher는 '그리스도'를 뜻하는 Christ에 '나르다'를 뜻하는 fer 의 변형인 pher가 붙어서 된 말로, '그리스도를 전도하는 사람'의 의미가 포함되어 있는 말입니다. Phosphor도 '샛별'을 의미하는 말이며, phosphor는 '형광성 물질' 등의 뜻인 말로, '빛'을 뜻하는 그리스어의 phos에 '나르다'의 의미인 phor이 붙어서 된 말입니다.

그리스도를 뜻하는 Christ에서 나온 이름으로는 '그리스도교 신자' 를 뜻하는 Christian과 여자 이름으로 많이 쓰이는 Christine, Christian, Christina 등과 함께 남자 이름의 Chris, Christie 등이 있습니다.

Christ의 뜻은 '몸에 성유를 바르다' '성유' 등의 뜻인 chrism에서 온 말입니다. chrism은 헤브루어의 성유를 뜻하는 messiah의 라틴어 변역어로, 이때부터 그리스도를 Christ라고 부르게 되었습니다.

cream은 13세기 프랑스에서 성스러운 기름을 뜻하던 말이며, 연고의 뜻에서 나온 말입니다.

Samuel, Daniel

Samuel의 el은 '신'을 뜻하는 헤브루어로 Samuel은 '신의 이름'이란 뜻으로, 줄여서 Sammy, Sam 등으로 부르기도 합니다.

Daniel의 el도 '신'을 나타내는 말로, 이 말의 뜻의 '신은 나의 심판자'란 뜻인 말로, 줄여서 Danny, Dan 등으로 쓰는 말입니다.

Michael '마이클'도 헤브루어에서 나온 말로, 영국에서 많이 쓰이던 이름이며, Mike나 Mick로 불리는 말입니다. Michael은 러시아어에서는 Mikhail '미하엘'로 변형되었고, 프랑스에서는 Michel '미쉘', 스페인에서는 Miguel '미구엘'로 쓰이는 말입니다. 이 Michael의 어원도 헤브루어에서 온 말로, 원뜻은 '신과 같은'에서 나온 말입니다.

이탈리아 번성기 르네상스의 대표적 화가 조각가인 **Michelangelo**도 Michael의 어원인 Michel과 '천사를 뜻하는 angelo가 붙어서 만들어진 말입니다. Mickey도 Michael에서 나온 남자 이름입니다.

Chanel

Chanel '샤넬'은 프랑스의 디자이너로도 유명한 이름으로, Miguel이 Michael에서 변하여 생긴 말처럼, 헤브루어 이름인 Gabriel에서 온 말로, Gabriel은 뜻은 '신의 사람'이란 뜻입니다.

Jack

Jack은 성경의 '야곱' Jacob에서 나온 말로, 헤브루어로 '언덕에 사는 사람'이란 뜻으로, '농부' 등의 뜻에서 나온 말입니다. 이 말이 불어로 건너간 Jacque는 '농민 계급'을 뜻으로도 쓰인 말로, 우리가 입는 '재킷' jacket도 옛날 프랑스 농부들이 입던 웃옷을 뜻하던 말에서 나온 말입니다.

jacket은 '입히다' 등의 뜻에서 '덮개' '앨범 재킷' '책 커버' 등의 뜻으로도 쓰이고 있는 말입니다.

Jack의 어원인 Jacob은 라틴어의 Jacomus에서 영어의 James로 변형된 말로, Jim, Jimmy, Jamie도 같은 어원에서 나온 말입니다.

Jack은 일반적으로 흔한 이름이다 보니, '일반적인 남자' '큰 사람' 등의 뜻이 있습니다. Jack and Gill은 '젊은 남녀'를 뜻합니다. 이 밖에도 '선원' '해적' 등의 뜻도 있는데, 선원들이 가지고 다닌 칼을 jack knife라고 불렀습니다.

hijack 하이잭은 지금은 '공중 납치하다'로 많이 쓰이는 말이지만, 원뜻은 '강탈하다' '해적질하다' 등의 뜻에서 온 말로, 이 말의 어원은 예전 금주법이 있던 1920년대에 불법적으로 술을 만들던 때에 강탈하던 것을 일컫는 말에서 나온 말입니다. 요즘에는 이 hijack이 테러로 많이 쓰이고 있는 말입니다.

Jew, Hebrew

Jew는 구약성경에 Judah '유다'가 지금의 팔레스타인 지역의 남부에 세운 '유다 왕국'에서 나온 말로 d가 w로 변하여 생긴 말입니다. Judaic은 '유대인의' '유대교의' 등의 뜻으로, Jewish와 같은 뜻을 가진 말입니다.

'유대'라는 말은 한자어로 '유태(猶太)'가 되어 쓰이는 말로, '유대인'과 '유태인'은 같은 말입니다.

Hebrew는 외국인이 이스라엘인을 가리키는 말로, '유대인' ' 헤브루어' 등을 뜻하는 말로, 어원은 '강을 건너온 사람'이란 뜻에서 나온 말이라고 합니다.

제10장

직업에서 나온 이름 이야기

Smith

Smith는 그리스어의 '새기다'의 뜻에서 나온 말로, 영어에서는 '금속 세공인'의 뜻인 직업의 이름에서 성이 된 말입니다. 이 smith에는 '대장장이'란 뜻도 있는데, '대장장이'를 정확하게 말하면 blacksmith로 '검은 쇠'를 다루어서 붙여진 말입니다. whitesmith는 '은도금공'의 뜻인 말입니다.

smith에서 온 이름 Smith는 독일어로는 Schmidt로 쓰이는 말로, 독일어의 Schmidt도 '대장장이'란 뜻에서 나온 말입니다.

Eisenhower

Eisenhower '아이젠하워'는 독일 이름으로 제2차 세계대전에서 육군 참모 총장을 하고 34대 대통령을 지낸 장군이며 정치가입니다. Eisen은 '철'을 뜻하는 독일어로, 이 말이 영어로 건너와 생긴 말이 '철' '쇠' 등의 뜻인 iron이 된 말입니다. hower는 독일어로 '자르다' 등의 뜻으로, Eisenhower는 쇠를 자르는 사람의 의미에서 나온 이름입니다.

iron의 r은 묵음이며, '다리미' '다리미질을 하다' 등의 뜻도 있는 말로, 예전의 '다리미'가 순수 철로 만들어진 것임을 알 수 있는 말입니다.

Sawyer

Sawyer는 Mark Twain의 작품인 〈톰 소여의 모험〉에서도 나오는 이름으로, 이 Sawyer의 뜻은 '톱질하다'의 뜻인 saw에서 나온 말로, Sawyer의 원뜻은 '톱질하는 사람'의 뜻입니다.

bowyer는 '활'을 뜻하는 bow에서 나온 말로, '활 만드는 사람'을 뜻하는 말이며, lawyer도 er 앞에 y가 붙은 대표적인 말로, '법률가' '변호사' 등의 뜻인 말입니다.

Porter

porch는 현관을 뜻하는 말로, '항구' 등의 뜻하는 port에서 t가 ch로 변하여 만들어진 말입니다. portal site '포털사이트'는 인터넷 사이트에 들어가기 전에 거치는 '문' '입구' 등을 뜻하는 말입니다.

Porter는 사람 이름으로 많이 쓰이는 말로, '문지기' '수위' 등의 직업 이름에서 나온 말입니다. airport는 '공항'을 뜻하는 말입니다.

Mason

mason은 '석수' '석공' 등의 뜻에서 나온 말로, 예전에 이런 직업을 가진 사람의 성을 Mason으로 써서 지금의 성이 된 말입니다. masonry '석공술' '돌 세공' 등의 뜻인 말입니다.

mason은 stone mason의 준말로, '만들다' 등의 뜻인 make나 machine과 같은 어원에서 나온 말입니다.

Taverner

tavern은 '술집' '여관' 등의 뜻으로, taverner는 '술집 주인' 등의 뜻입니다. tavern은 '집'을 뜻하는 tabernacle에서 나온 말로, tabernacle은 '오두막' '천막집' 등의 뜻입니다.

Taverner는 '술집을 하는 사람'이란 뜻으로, 직업의 이름이 사람의 고유 이름으로 쓰이게 된 말입니다. Taverner는 영국의 작곡가로도 유명한 이름입니다.

Usher

usher는 '안내인' '안내하다' 등의 뜻으로, '입의' '말의' 등의 뜻인 os
에서 나온 말입니다. os의 o가 u로 변하여, '말하다' 등의 뜻에서 '
알려주다' '안내하다' 등의 뜻이 된 말입니다.

oral은 '입의' '구두(口頭)의' 등의 뜻으로, oral contract는 '구두 계약'
을 뜻하는 말입니다. 이 oral도 '입'을 뜻하는 라틴어의 os에서 나온
말로, 이 osculate는 '키스하다' 등의 뜻입니다.

Potter

potter는 '도예가' '그릇을 만드는 사람' 등의 의미로, 사람의 성
Potter로도 많이 쓰이는 말입니다. pottery는 도자기, 도예 등을
뜻하는 말입니다.

pottage는 고대 프랑스에서 만들어 먹던 '진한 수프'를 뜻하는
potage에서 나온 말로, potage는 '단지' '그릇' 등을 뜻하는 pot에
불어의 접미어 age가 붙은 말로, '그릇'의 뜻에서 '수프' '죽' 등의 뜻이
된 말이 pottage입니다.

porridge는 밀 등으로 만든 '죽'이나 '수프'를 뜻하는 말로, 이 말은
야채나 고기가 들어간 죽을 뜻하는 pottage에서 변형되어 생긴
말입니다.

Tailor

　tailor도 '재단사'란 직업에서 성이 된 말로, '재단사'란 말의 어원은 '자르다'의 tail에서 나온 말입니다. curtail은 '줄이다' '단축하다' '삭감하다' 등의 뜻인 말입니다.

　entail은 '자르다'의 뜻에서 '한계를 두다' 남기다 등의 뜻인 말이고, detail은 '자르다'의 뜻에서 '세부' '부분' '항목' 등의 뜻인 말입니다. in detail은 '세부적으로' '항목마다' 등의 뜻입니다.

　retail은 '쪼개서 팔다'의 뜻으로 이 뜻이 발전하여 '소매하다' 등의 뜻이 된 말입니다. by retail은 '소매로' retail shop은 '소매점' 등의 뜻인 말입니다.

　Schneider는 독일 사람의 이름으로 많이 쓰이는 말로, 이 말의 어원도 독일어로 '자르다' 등의 뜻인 schneiden에서 온 말로 '재단사' 등의 뜻에서 사람이름으로 쓰이게 된 말입니다.

Tucker

　Tucker는 바지 등의 '단을 올리는 사람' '주름 잡는 사람' 등을 뜻하는 말로 여기에서 나온 이름입니다. 이 Tucker는 '주름' '단' 등을 뜻하는 tuck에서 나온 말로, '주름' '단' 등을 뜻하는 tuck은 '끌어당기다' '잡아당기다' 등의 뜻인 tug와 같은 어원을 가진 말입니다.

Skinner

Skinner는 '모피 상인'을 뜻하는 말로, '가죽' '피부' 등을 뜻하는 skin에서 나온 말입니다. skin의 어원은 과일과 같은 껍질을 벗긴다는 의미인 독일어 schinden에서 온 말입니다.

skinhead는 영국의 갱들이 쓰던 용어로 머리를 밀어버리는 것을 뜻하는 말이며, skinny는 '껍질만 남은' '마른' 등의 의미입니다.

Fischer

Fischer는 남자 이름으로, '어부'의 뜻인 fisher와 같은 의미인 말입니다. fish의 독일어형인 fisch에서 나온 Fischer는 조상이 독일계임을 알 수 있는 말입니다. 이 Fischer는 Fisher로 변형되어 쓰이기도 하는 이름입니다.

Bush, Woods

Busch는 '숲' '수풀' 등의 의미로, 성으로 많이 쓰는 말입니다. Busch는 독일어형 이름으로 영어형은 Bush이며, 영어의 '거친' '조잡한' 등의 harsh도 독일어의 harsch에서 온 말입니다.

Bush처럼 숲의 의미인 Woods, Wood, Westwood 등도 이름으로 많이 쓰인 말이며, 삼림 등의 뜻인 Forest도 성이나 이름으로 영어에서 많이 쓰이는 말입니다.

Miller

miller도 '방앗간 주인' '제분업자' 등의 뜻에서 나온 성입니다. 이 '방앗간 주인'이란 말의 어원은 '갈다'의 mill에서 나온 말로, millstone은 우리말로 '가는 돌' '맷돌' 등의 뜻인 말입니다. 이 '갈다'의 mill에서 나온 말이 meal로 보리, 콩 등을 간 '가루' '식사' 등의 뜻인 말로, oatmeal은 '맷돌로 탄 귀리' '오트밀' 등의 뜻인 말입니다.

mellow는 '갈다'의 뜻인 mill에서 나온 말로, 이 말은 '갈다'의 뜻에서 다소 뜻이 바뀌어 '부드러운' '감미로운' 등의 뜻이 된 말입니다.

Carter

Carter 남자 이름으로 많이 쓰이는 이름으로, 그 어원이 '운전사'란 뜻으로, 말 등이 끄는 '마차' '수레' 등의 뜻인 cart에서 나온 말입니다.

cart의 어원은 '나르다' 등의 뜻인 carry와 차, 운반 도구 등의 뜻인 car와 같은 어원에서 나온 말입니다.

Tyler

Tyler는 tile-maker의 의미에서 나온 말로, 타일을 만드는 사람의 의미에서 나온 이름입니다. tile의 어원은 '짜 맞추다'의 의미에서 나온 말로, subtle은 '교묘한' '미묘한' '정교한' 등의 의미로 '아래의' '세분한' 등의 뜻인 sub와 기와, 짜 맞추다 등의 뜻인 tile에서 온 말입니다. subtle은 '잘 짜 맞추어진' 등의 의미에서 '미묘한' 등의 뜻이 된 말입니다.

Capella

chapel '교회' '성당' 등의 뜻으로 chapel에서 나온 chaplain은 '망토를 입은 사람'의 뜻에서 '성직자' '목사' 등의 뜻이 된 말입니다.

Capella 카펠라라는 이름은 성직자를 뜻하는 말에서 나온 이름입니다.

A capella '아카펠라'는 반주가 따르지 않는 교회 합창곡의 뜻으로 쓰이던 말로, 지금은 반주 없는 노래를 뜻하는 말이 되었습니다.

Mark Twain

twin은 '쌍둥이'란 뜻으로 two에 n이 붙어서 생긴 말로, '둘'을 의미하는 뜻에서 나온 말입니다. twin도 모음이 변하여 tween이 된 말로, 이 tween에 접두어 be가 붙은 between은 사람이나, 장소, 기간 사이에 쓰이는 말로, '둘 사이의' 등의 뜻인 말로 '둘'을 의미하는 뜻에서 나온 말입니다.

twin과 비슷한 말인 **twain**은 '2 개' '2 명' 등의 뜻과 수심의 깊이를 재는 말로, '수심 2발'이란 뜻으로 mark twain의 젊은 시절의 모습을 볼 수 있는 말입니다.

mark twain의 원 뜻은 '배가 다닐 수 있는 최소의 깊이인 수심 2 발을 확인하고 외치는 소리'라는 뜻인 말이 소설가 Mark Twain의 필명이 되어 지금까지 이 이름으로 쓰이고 있는 말입니다. 이 말은 Mark Twain이 작가가 되기 전에 mississippi강에서 수로 안내인을 하였던 데서 지어진 이름입니다.

twenty도 '20' '스물' 등의 의미로, twain이나 tween의 변형에서

생긴 말로, '2개' 등의 뜻의 twain과 ten의 y변형인 ty가 붙어서 생긴 말입니다.

twelve는 '12' '열 둘' 등의 뜻인 말인 '둘'의 뜻인 two에 '남다'의 의미인 leave의 변형인 lve가 붙어서 생긴 말로, '열을 세고 둘이 남다'의 의미인 말입니다. '11' '열하나'등의 의미인 eleven도 '하나의'의 뜻인 a가 e로 바뀌어, '남다'의 의미인 leave의 변형 leven이 붙어서 된 말입니다.

twilight은 '석양'의 뜻으로, 원 뜻은 '어스름한 빛''여명과 황혼' 등의 뜻인 말로 하루에 이 '어스름한 빛'이 새벽과 저녁 무렵에 두 번 생겨서 two의 변형인 twi가 '빛'의 의미인 light에 붙은 말입니다.

twig는 '가지가 두 곳으로 갈라지는 모양'에서 나온 말로, 이 말도 '둘'을 의미하는 two의 변형입니다.

Foster

foster는 '기르다' 등의 뜻으로, 그 원뜻은 '먹이를 주는 사람'이란 뜻으로, '먹이'를 뜻하는 food에서 나온 말입니다. 우리가 흔히 말하는 '양부모(養父母)'란 양육시켜준 부모를 뜻하는 말로, foster parent라고 합니다.

Shearer

Shearer는 '깎다' '자르다' 등의 뜻인 shear에서 나온 말로, '털을 깎는 사람'이란 직업에서 이름이 붙여진 말입니다. "A bad shearer never had a good sickle."은 "깎는 데 서투른 사람은 항상 낫이 좋지 않다."란 뜻으로, "서투른 무당이 장구만 나무란다."란 우리 속담과 비슷한 말입니다.

Gardner, Parker

Gardner는 gardener의 준말로, '정원' '과수원' 등을 뜻하는 garden에서 나온 말로 '정원사'란 직업 이름에서 나온 이름입니다. 예전의 '정원사'를 하던 사람이 '성'을 자기의 직업에서 따와 만든 이름입니다.

Parker는 남자 이름으로 많이 쓰이는 말로, 이 말의 어원도 park keeper '공원 관리인'을 뜻하는 말에서 나온 말입니다.

Garner

Garner는 미국의 재즈 피아니스트로도 유명한 이름이며 이 Garner는 '곡식' 등을 뜻하는 granary, grain 등에서 나온 말로 garner는 '곡창에 넣다' '곡식을 축적하다' 등의 뜻인 말에서 이름이 된 말입니다.

Thatcher

영국의 '철의 여상'으로도 유명했던 이름 '대처' **Thatcher**는 '지붕을 이는 사람'의 뜻인 thatcher의 직업 이름에서 나온 말로, thatch는 '지붕 등을 만드는 짚' '초가지붕' 등의 뜻인 말입니다.

Courier

Courier는 '사절' '특사' '전달하는 사람' 등의 뜻인 courier라는 직업에서 나온 이름입니다. 영국의 신문 the Liverpool Courier는 Liverpool에서 발간하는 신문으로 '전달하는 사람'의 이름에서 붙여진 신문 이름입니다.

courier는 '흐르는' '전달되는' '유행하는' 등의 뜻인 current와 같은 어원에서 나온 말로, '달리다'의 의미에서 나온 말들로 '전달해주다' 등이 된 말입니다.

corridor는 불어에서 온 말로 전달되는 통로의 뜻으로 복도의 뜻으로도 많이 쓰이는 말입니다.

Butler

butler는 '식당 지배인' '주류 관리사' 등의 뜻으로, 이 말의 어원은 '술통' '통' 등을 뜻하는 butt에서 나온 말로, 이 butt는 '병' '술을 담다' 등의 뜻인 bottle의 어원적인 말입니다.

'술통'의 뜻인 butt에서 나온 말이 butler로 원뜻은 '술을 관리하는 사람'에서 '식당 지배인' 등의 뜻까지 된 말로, 사람 이름으로 쓰이는 Butler도 예전에 이 '식당 지배인'의 직업에서 나온 말입니다.

Faulkner

Faulkner는 노벨상을 탄 미국의 소설가로도 이 말의 어원은 '매'를 뜻하는 falcon을 잡는 사람인 '매사냥꾼' falconer의 불어형에서 영어로 건너와 생긴 말입니다.

Cooper, Spencer

cooper는 '통 만드는 사람'이란 뜻으로 coop은 '통'을 의미하는 말입니다. 이 coop은 '구부러지다'의 뜻에서 나온 cup '컵'과 같은 어원의 말로, Cooper는 '통 제조업자'란 뜻에서 이름 붙여진 말입니다.

Spencer는 영국의 철학자이면서 문호이기도 한 사람의 이름으로도 유명하며, 이 이름은 '자선을 베풀다' 등의 뜻인 dispense에서 나온 '자선을 베푸는 사람' 등의 뜻인 dispenser에서 두음이 생략되어진 말로, '자선을 베풀다'의 의미가 들어 있는 말입니다.

Chapman

Chapman은 영국의 극작가로도 유명한 이름으로, chapman의 원뜻은 '행상인' '상인' 등의 의미로 쓰이던 말입니다. chapman의 chap에서 나온 말이 cheap으로 '팔다' 등의 뜻에서 '할인의' '싼' '값이 싼' 등의 의미인 말입니다.

chase는 잡다, 뒤쫓다 등의 뜻으로 chap의 어원과 같은 말입니다. 접두어 pur가 붙은 purchase는 chap과 같은 사다, 구매하다 등의 뜻입니다.

상표 이름에도 있는 **chasecult**라는 말은 chase의 다른 의미인 '추구' '도전'과 cult '문화'라는 말이 합성된 말로, '도전하는 문화'의 뜻인데, 이 말은 미국 Ivy 리그 명문대학의 동아리 이름에서 나온 말이라고 합니다.

Cinderella, Ashley

Cinderella는 Perrault의 동화로 유명한 그 동화의 여주인공 이름이기도 한 '신데렐라'는 그 어원이 cinder에서 나온 말입니다. cinder는 '숯' '타다 남은 덩어리' '재' 등의 뜻으로, Cinderella는 '숯을 다루는 사람' 등의 뜻인 말입니다. Cinderella complex는 여성의 남성에 대한 의지하는 마음 등을 나타낸 말입니다. 이 Cinderella는 줄여서 Cindy 등으로도 쓰이는 말입니다.

Ashley는 '재' '잿더미' 등을 뜻하는 다른 말인 ash와 접미어 lea가 붙은 말입니다. Ashley도 Cinderella와 같이 재를 치우는 사람의 의미에서 나온 말입니다.

Weber, Webster

Weber는 '직물' '거미줄' 등의 뜻인 web에서 나온 이름으로, 이 Weber라는 이름도 역시 이 '짜다' '엮다' 등의 뜻에서 나온 말로 '천 짜는 사람'이란 직업에서 이름이 된 말입니다.

Webster는 사전 이름으로도 유명한 말로, 미국의 사전 편찬자의 이름이기도 합니다. 이 Webster라는 이름도 Weber와 같은 의미로 '직물을 짜는 사람' '베를 짜는 사람' 등의 뜻에서 나온 이름입니다.

제11장

색의 의미를 가진 이름

Bruno

Brown은 이탈리아 이름으로는 Bruno라고 하여 이탈리아의 철학자인 이름이기도 한 말입니다. 이 Brown은 불어에서는 Burnet이라는 이름으로 쓰이는 말로, '갈색'의 의미를 가지고 있는 이름들입니다.

Duncan

Duncan은 주로 아일랜드 이름으로 많이 쓰인 이름으로 '갈색의' '거무스름한' 등의 의미인 dun에서 나온 이름입니다. 이 '갈색의' 의미에서 monkey의 영향을 받아 나온 말이 '당나귀' 등의 뜻인 donkey입니다.

Whitney

White란 성을 사용하기도 하는데, 이 White는 Whitman이나 Whitney로도 변형되어 사용되어지기도 하는 이름으로, Whiteman이나 Whitney도 그 어원은 White에서 나온 말입니다.

wheat은 밀을 뜻하는 말로, 밀의 색이 하얀색이어서 붙여진 이름입니다.

Blanc

Blanc는 프랑스인의 이름으로 많이 쓰이며 스페인어에서는 Blanco 등으로도 쓰이는 이름으로 '흰' '흰색의' 등의 뜻인 blank에서 나온 이름입니다.

blank는 괄호, 빈칸 등을 뜻하는 말로, 비어 있는, 하얀 등의 의미에서 나온 말입니다. blank는 라틴어의 bianco에서 나온 말로, bianco 비앙코는 하얀 와인으로 쓰이는 말입니다.

blanket은 담요를 뜻하는 말로, 예전 담요는 양털로 만들어진 하얀색이어서 붙여진 말입니다.

이탈리아에서 여자 이름으로 쓰이는 Bianca 비앙카도 같은 뜻을 가지고 있는 말입니다.

Reed

남자 이름으로 주로 쓰이는 **Reed**도 색에서 나온 이름으로 '붉은색의' '적색의' 등의 뜻인 말인 red에서 나온 말입니다. Redman 이란 이름도 있는데, 지금의 red man은 '인디언'을 뜻하는 말입니다.

Russel

Russel은 남자 이름으로 쓰이며 Russell이나 Russ 등의 애칭으로 쓰이기도 하는 이름입니다. 이 Russel의 어원도 '녹' 등의 뜻인 rust와 같이 '붉은' '빨간' 등의 red와 같은 어원으로 색에서 이름이 나온 말입니다.

Russel과 같은 어원인 russet도 같은 어원으로 rust와 같은 '적갈색의' '검붉은' 등의 뜻인 말입니다.

Griffith

Griffith도 웨일즈에서 많이 쓰이던 이름으로 Griffith의 원뜻은 '붉은' '붉은색'의 등의 뜻을 가지고 있는 말입니다. 이 Griffith는 '적색의' '적갈색의' 등의 뜻인 rufous에서 나온 말로, Rufus라는 이름도 Griffith와 같이 '붉은'의 의미를 지니고 있는 이름입니다.

Gray

gray는 '회색의' '잿빛의' 등이 뜻으로 gray가 grey로 바뀐 Grey는 사람의 이름으로도 사용되며 영국의 정치가의 이름으로도 유명한 이름입니다.

Schwartz

Schwartz는 독일 사람의 이름으로 많이 쓰이는 말로, 원뜻은 독일어의 '검은' '어두운' 등의 뜻인 schwarz에서 나온 말입니다.

Schwartz는 영어에서는 swart로 써여 '거무스름한' '검은' 등의 의미로 쓰이는 말로, swathy는 '거무스레한' 등의 뜻인 말입니다. 이 swart에서 w가 생략되어 나온 말이 sordid로 '더러운' '불결한' '침침한' 등의 뜻인 말입니다.

Blake

Blake는 남자 이름으로 많이 쓰이는 말로, 영국의 시인 이름으로도 유명한 이름입니다. 이 Blake는 '흐린' '우울한' 등의 의미인 bleak에서 나온 말로, '검은' 등의 뜻을 가진 말로, 이 bleak에서 나온 다른 말이 '검은' '어두운' '암담한' 등의 뜻인 black입니다.

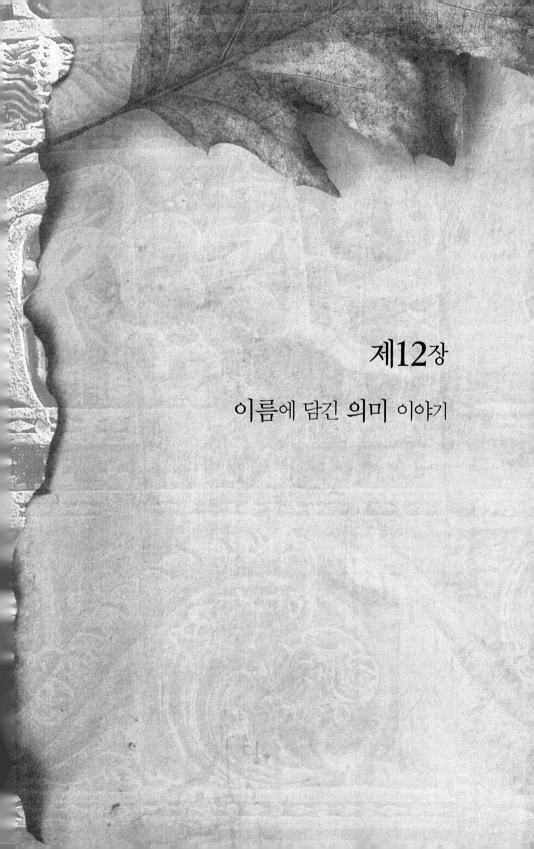

제12장

이름에 담긴 의미 이야기

Andre

Andre는 그리스어의 '인간'을 뜻하는 말인 andro에서 나온 이름입니다. '인류학'을 anthropology라고 하는데, 이 '사람'을 뜻하는 andro에서 d가 th로 변화하여 만들어진 말입니다.

Andre는 영어에서는 Andre의 아들의 뜻을 의미하는 son이 붙어 Anderson이 되었고, 덴마크에서는 이 Anderson이 동화 작가로 잘 알려진 '안데르센' Andersen이 되었습니다. Andre는 남자 이름 Andrew나 여자 이름으로 Andy로 불리기도 합니다.

Andre의 이름에서 나온 고대 그리스 신화의 **Andromeda** '안드로메다'는 에티오피아의 왕녀로 나라를 구하기 위해 바다의 괴수에게 제물로 바치는 몸이 되었으나, Perseus의 도움으로 목숨을 구하고 그의 아내가 된 신으로 이 신의 이름을 딴 별자리가 북쪽 하늘의 '안드로메다'자리입니다.

Alexander는 '알렉산더 대왕'의 유명한 이름으로, 이 이름은 Alex에 '사람'을 뜻하는 andre가 붙어서 만들어진 말로, Alex는 그리스어로 '지키는 사람'의 뜻합니다. Alexander는 '사람을 지키는 사람'이란 뜻에서 나온 말입니다. 이집트 북부의 Alexandria는 알렉산더 대왕이 Nile 강 델타에 만든 항구도시의 이름으로, 고대 세계의 학문의 중심지였던 곳입니다.

Sander는 Alexander의 준말로 주로 스코틀랜드에서 쓰던 이름으로 Sanders로도 많이 쓰이며 여자 이름으로 Sandy로도 쓰이는 이름입니다. Alexander는 준말로 Alex라고도 쓰이며, Eck로도 쓰이는데 주로 독일에서 쓰이는 이름입니다.

Gaudi

Gaudi는 스페인의 건축가로도 유명한 인물로, 화려한 건축물로 유명한 사람입니다. 이 gaudi의 이름의 뜻은 '화려한' '빛나는' 등의 뜻으로 gaudy는 '빛나는' '화려한' 등의 의미입니다.

Nicholas

Nicholas와 Vincent는 모두 성인의 이름으로 Saint Nicholas는 12월 6일이 축일이며, Saint Vincent는 1월 22일이 그 축일입니다.

Nicholas는 그리스 신화의 '승리의 신'의 이름인 Nike에 그 어원이 있는 말입니다. '승리'라는 의미하는 Nike와 '사람'을 의미하는 그리스어의 laos가 붙어서 만들어진 말로 '승리'의 의미가 포함된 말입니다.

Nicholas는 러시아에서는 Nikolai로 쓰고 있으며, Michael을 Mikel로도 쓰이는 것과 비슷한 말입니다.

Vincent

Vincent는 '이길 수 있는' '정복할 수 있는' 등의 뜻인 vincible과 같은 어원으로 라틴어의 vincere에서 나온 말로, 이 vince는 영어로 건너가 n이 탈락하여 생긴 말이 '승리'의 뜻인 victory가 되었습니다.

Vince의 이탈리어 이름은 Vinci '빈치'로, 이탈리아의 예술가인 Reonardo da Vinci 레오나르도 다빈치의 성이기도 한 말입니다.

Felix, Hillary

Felix는 남자 이름으로 많이 쓰이는 말로 이 말은 라틴어의 '기쁜' '행복한' 등의 뜻에서 나온 말입니다. felicity는 '기쁜' 등의 의미에서 '행복' '경사' 등의 의미가 된 말입니다.

Hilary는 주로 여자 이름으로 쓰이는 말로, 이 말도 라틴어의 '즐거운' '유쾌한' 등의 의미에서 나온 말입니다. hillarious는 '명랑한' '즐거운' 등의 뜻인 말이며 hilarity는 '환희' '유쾌함' 등의 의미입니다.

Margaret, Pearl

Margaret은 '진주'를 뜻하는 말로, 베네수엘라 북동해안 먼 바다의 섬인 Margarita '마르가리타섬'은 진주를 산출하는 곳으로 유명하여 붙여진 이름입니다.

margarin '마가린'은 프랑스의 화학자 Chevreul가 만든 말로, 이 말의 뜻인 '진주색 같은'이란 뜻이 들어 있는 말입니다. 이 '진주'를 의미하는 Margaret은 그 어원이 산스크리트어로 '싹'이란 뜻으로 조개 속에서 진주가 싹처럼 커짐을 의미하는 말입니다.

Pearl은 일반적으로 '진주'의 뜻으로 쓰이는 말로, 우리말 '진주만'이 영어로는 Pearl harbor라는 것은 잘 알려진 말입니다. 이 Pearl은 라틴어의 perla에서 변형된 말로, perla의 어원적 의미는 '조개'를 뜻하는 말이라고 합니다.

Malcolm

Malcolm은 미국의 흑인 인권 운동가로도 유명한 이름으로, 이 말은 스코틀랜드의 Gael인들에게서 나온 이름입니다. 이 Malcolm은 mael과 Colum이 붙어서 생긴 말로, mael은 '벗겨진'의 뜻이고 colum 은 '비둘기'의 뜻에서 나온 말로, 그 당시의 스코틀랜드에서 '머리를 짧게 깎은 하인'을 뜻하는 말이었습니다.

Lincoln

Lincoln은 미국의 흑인 노예 해방을 선언한 대통령의 이름이기도 한 이 Lincoln은 스코틀랜드의 Celtic인들에게서 나온 이름입니다. 이 Lincoln은 '물웅덩이'를 뜻하는 celtic어 lindo에 '정착민' 등의 뜻인 colony의 합성어입니다. 즉, '웅덩이에 정착해 사는 사람'이란 뜻에서 나온 말입니다.

Einstein

Einstein 아인슈타인은 하나를 뜻하는 독일어의 ein과 stein이 붙은 말로, 독일 태생의 미국 물리학자로 상대성 이론으로 유명한 과학자 이름입니다.

Frankenstein은 독일어의 '자유로운'을 뜻하는 franken과 stein이 붙은 말입니다. Shelly의 괴기소설 이름으로 유명한 말로, 젊은 의학생인 주인공 프랑켄슈타인이 묘지의 시체를 재료로 하여 인간의 모습을 닮은 괴물을 만들고, 결국 주인공을 파멸시키는 소설의 이름으로 유명한 말입니다.

Eckstein은 Alex의 애칭인 Eck에 stein을 붙여 만들어진 말입니다.

Herbert, Albert

Herbert와 Albert, 그리고 Robert는 모두 bert가 붙어서 만들어진 말로, 이 bert는 '빛나는'의 뜻으로, bright의 어원적인 말입니다. bright는 '빛나는' '맑은' 등의 뜻으로 '전조등' 등의 뜻도 있으며, Bright라는 이름으로도 쓰이는 말입니다.

Herbert는 '군인'의 뜻인 Harry의 준말인 Her에 '빛나는'의 뜻인 bert가 붙은 말로, '빛나는 군인'이란 뜻입니다.

Albert는 '고귀한' 등의 뜻인 Al에 bert가 붙은 이름으로, 그 어원적인 뜻으로는 '지식에 있어 빛나는'의 뜻을 내포하고 있는 말입니다.

Robert는 '명성이 있는' 등의 뜻인 hruod에 bert가 붙어서 만들어진 말로, 독일에서는 Rupert라고 하며, 이 Robert는 준말로, Rob, Robby, Bob, Bobby라고 쓰이기도 하는 말입니다.

Gilbert는 준말로 Gil이라고도 하는데 프랑스에서 많이 쓴 이름으로 Gil은 '서약하다'의 의미인 말입니다.

Lambert는 영국의 작곡가 이름으로도 유명한 이름으로 앞의 Lam은 '땅'을 의미하는 land와 같은 어원에서 온 말입니다.

Thomas

Tom에서 나온 Tommy, Tomas 등의 이름은 모두 Thomas에서 나온 말입니다.

Thomas는 그 어원이 '쌍둥이'의 뜻인 twin과 같은 어원으로, '나누다'의 뜻인 tome과 같은 어원에서 나온 말입니다. tome은 여러 권으로 나뉜 책에서 '한 권'을 뜻하는 말이며, anatomy는 '해부학'이란 뜻입니다.

Atom 아톰은 만화의 주인공 이름으로 유명한 말로, '원자'란 말로 atom bomb는 '원자 폭탄'이란 뜻으로, atomic energy는 '원자력'이란 뜻인 말입니다. Atom의 의미는 '반대'를 의미하는 a에 '자르다'를 의미하는 tom이 붙어 생긴 말로, '더 이상 자를 수 없는 것'이란 뜻으로 바로 '원자'를 나타내는 말입니다.

Odysseus

Odysseus는 트로이 전쟁에 참가한 그리스의 장군 이름으로, 라틴어명으로는 Ulysses입니다.

Odysseus는 고대 그리스의 시인 Homer가 지었다고 전해지는 장편 서사시로 Odysseus가 트로이 전쟁 함락 후 자기 나라의 궁전에 돌아오기까지 10년 동안 떠돌아다니는 모험을 그린 책의 이름인 Odyssey와도 같은 이름입니다.

Odysseus나 **Odyssey**는 라틴어에서 온 '미움' '증오' 등을 뜻하는 **odium**과 같은 어원을 가진 말로, odious는 '혐오감을 일으키는' 등의 뜻으로 hateful과 같은 뜻입니다.

Aurelius

Aurelius 아우렐리우스는 로마 황제의 이름으로 스토아학파의 창시자이기도 한 사람입니다. 이 Aurelius는 '빛나다' '황금' 등의 어원에서 나온 말로, aureate는 '빛나는' '황금빛의' 등의 뜻인 말입니다. aurora '오로라'도 같은 어원에서 나온 말입니다. '극광' '새벽' 등의 뜻인 말로, 로마신화의 Aurora '오로라'는 '새벽의 신'을 말하는 말입니다.

황금빛의 과일 이름인 **orange** '오렌지'도 aurora와 같은 어원에서 나온 말로 그 빛깔이 황금색이어서 붙여진 말로, 프로방스에서는 auroja로 쓰이던 말이었습니다.

oriole은 '찌르레기 새'의 이름으로 그 색이 금빛이어서 붙여진 말로, 미 메이저리그 야구팀의 이름으로도 유명한 말로, Aurelius와 같은 어원에서 나온 말입니다.

Horch

Audi는 독일에서 만드는 차의 이름으로 처음에는 영어의 auto와 관련이 있는 말처럼 보였습니다. 벤츠나 포드 롤스로이스 그리고 크라이슬러 자동차처럼 자동차 이름은 그 회사 창시자의 이름을 따서 만든 회사들이 많습니다.

Audi도 이 회사의 창시자인 **Horch**이라는 사람 이름이 독일어의 '듣다'의 뜻인 hören(영어의 hear)이 자신의 이름과 비슷한 뜻을 가진 말이어서 '듣다'의 뜻인 Audi로 이름을 붙인 말입니다.

Gloria

glory는 영광을 뜻하는 말로, 빛남의 뜻에서 나온 말입니다. Gloria 는 고대에는 하느님에 대한 영광을 뜻하는 말이었습니다. glorious는 영광스러운 등의 뜻입니다.

glaze는 '유리를 끼우다' '유리창을 달다' 등의 뜻인 말입니다. glazier 는 '유리 직공' 등의 뜻인 말로, 이 말도 '유리'의 뜻인 glass에서 나온 말로, 이 glass는 '빛나다'의 뜻인 **glow**가 어원인 말입니다.

'윤이 나다' '광택' 등의 뜻인 gloss도 이 '빛나다'의 뜻인 glow에서 나온 말로, 우리말의 '유리'도 '윤'에서 나온 것처럼 '유리'의 뜻인 glass 와 같은 어원을 가진 말입니다.

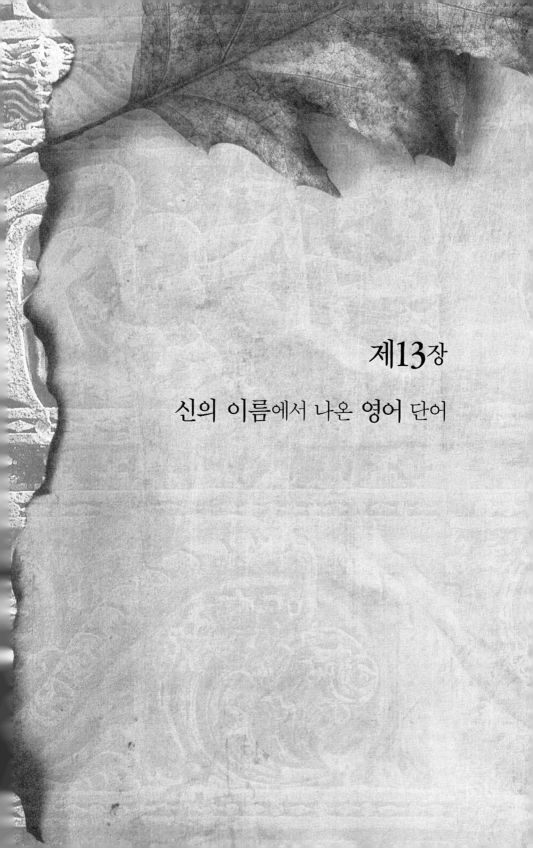

제13장

신의 이름에서 나온 영어 단어

Theodore

Theo는 그리스어의 '신'을 뜻한 Theos에서 온 말로, 사람의 이름으로도 쓰입니다. Theodore는 '신의 선물'이라는 뜻의 이름입니다.

enthuse는 theo에 접두어 en이 붙어 만들어진 말로, '신에게 빠지다'의 뜻에서 '광신적이 되다' '열광하다' 등의 뜻이 된 말입니다.

enthusiasm은 '신에 대한 열광'의 뜻에서 '열광' '열성' 등의 뜻이 된 말이며, enthusiastic support는 '열광적인 지지'를 뜻합니다.

Venus

Venus는 로마신화에서 사랑의 신인 '비너스' 또는 '베누스'라고도 하는 여신입니다. Venus는 또한 '금성'의 의미도 가지고 있는 말로, 소련의 금성 탐사선의 이름을 Venera라고 이름 짓기도 하였습니다. 그러나 이 '사랑'의 의미에는 좋은 의미와 나쁜 의미의 두 가지의 의미를 담고 있습니다.

'사랑'의 의미인 venus에서 '존경'의 의미로 변형된 venerate는 '존경하다'의 의미가 된 말이고, veneration은 '존경'의 의미인 말입니다.

사랑하다'의 의미에서 '성교에서 생기는' '성병의' 등의 좋지 못한 의미의 venereal도 있습니다. venereal disease는 바로 '성병'이란 뜻으로 venus의 '사랑'의 의미에서 나온 안 좋은 의미의 말입니다.

'성병'의 의미에서 나온 또 다른 말이 **venom**으로, venom은 '성병' '

사랑의 독' 등의 의미에서 나온 말로 '독' '뱀이나 전갈에서 나오는 독' 등의 의미로 변화된 말입니다.

Manana

matinee 마티니는 아침을 뜻하는 말로, 영어에서는 주간에 상영하는 연극의 의미로 쓰이는 말입니다. 이 말은 로마의 이른 새벽의 여신인 **Manana**에서 나온 말로, **mature**는 '이른' 등의 뜻에서 빨리 '성숙한' '조숙한' 등의 의미가 된 말입니다.

Eros

Eros는 그리스 신화에서 '연애의 신' '사랑의 신' 등의 이름으로, 로마신화의 Cupid에 해당하는 신입니다. 이 Eros의 신 이름에서 나온 말이 '에로'란 말로 '에로 무비'란 말은 '사랑'의 뜻인 Eros에서 나온 말인 erotic movie의 줄인 말입니다. erotic은 '사랑'의 뜻에서 요즘에는 '성애를 다룬' '성욕을 일으키는' 등의 뜻인 말이 되어, eroticism은 '선정적 경향' '성욕' 등의 뜻인 말입니다.

네덜란드의 문예부흥기의 인문학자인 **Erasmus**도 그리스어의 '사랑'을 뜻하는 Eros에서 나온 말로 '사랑'의 뜻에서 나온 이름입니다.

Heracles

Heracles 헤라클레스나 Hera는 그리스어 이름으로, 로마어나 영어에서는 Hercules라고 하는데, Heracles는 Jupiter의 아들로서 열두 가지의 어려운 일을 해낸 용감무쌍한 '영웅'이었던 신이었습니다.

Heracles에서 나온 말이 '영웅'을 뜻하는 **hero**로 Heracles의 원뜻은 protector '보호자' 등의 뜻입니다.

Dike

syndicate 신디케이트는 그 어원이 그리스의 '정의의 여신'인 **Dike** 에서 접두어 syn이 붙어 나온 말입니다. syndic은 '지방 행정관' '지방 판사' 등의 뜻인 말입니다.

syndicate는 이 '지방 행정관'의 뜻인 syndic에서 나온 말로, '같이 판단하는 사람' '결정하는 사람' 등의 뜻인 '이사회' '조합' 등의 뜻으로 '신디케이트'라는 회사의 형태 이름으로도 쓰이기도 하는 말입니다.

Muse

Muse는 제우스의 아홉 번째 문예를 관장하는 그리스의 신 이름 으로, 이 Muse는 '예술'을 의미하는 말로 많이 쓰입니다. '예술관' '미 술관' 등을 뜻하는 **museum**과 '음악'을 의미하는 music, '미술' '예술' 등의 의미에서 나온 말입니다.

mosaic '모자이크'는 중세시대에 Muse 신을 위한 작품의 의미로 쓰이던 말이 17세기부터 예술의 한 형태인 유리조각 등으로 만든 회 화의 의미로 쓰이기 시작하였습니다.

Austron

Easter는 부활절을 뜻합니다. 이 말의 어원은 빛과 봄의 신인 **Austron**에서 나온 말로 빛을 의미하는 east와 같은 어원의 이름입 니다. 고대 기독교인들은 봄의 춘분에 Auston 신을 기리는 축제를 열었는데, 이후 그리스도의 재림을 축하하는 축제의 의미로 변화한 말입니다.

east는 '동쪽'을 뜻하며, '빛이 나는 곳'의 뜻에서 나온 말입니다. east는 aurora '오로라'와 같은 어원에서 나온 말로 앞의 모음 au가 ea로 변하여 만들어진 말입니다.

Pan

panic 패닉은 공황상태를 뜻하는 말로, 그리스 신의 이름인 **Pan** 에서 나온 말입니다. Pan은 숲 속에서 기괴한 소리를 내어 목동이나 농부들에게 공포를 주는 신이었습니다.

panic은 18세기부터는 경제적인 공포 등의 의미로 많이 쓰이기도 하였습니다.

Penates

Penates 페나테스는 고대 로마의 집안을 수호하는 신의 이름입니다. penates의 어원은 안, 속 등의 뜻에서 나온 말로, 여기에서 나온 penetrate 는 '속으로 들어가다' 등의 의미에서 '뚫고 들어가다' '관통하다' 등의 뜻으로 쓰이는 말입니다.

Akedemos

academy는 '학교' '대학' 등의 의미로 이 academy는 고대 그리스의 신 **Akedemos** 아카데모스의 이름에서 나온 말입니다. academy는 Plato 학원의 명칭인 '아카데메이아 학파'의 이름에서 나온 말입니다.

Cupid

Cupid '큐피드'는 로마신화에서 '비너스의 아들로 사랑의 화살을 쏘는 날개 달린 미소년'입니다. 이 cupid의 화살을 맞으면 누군가를 사랑하여 갈망하게 된다고 하는 신화의 이야기처럼, cupid의 어원은 '사랑' '갈망' 등의 뜻으로 cupidity는 '욕심' '탐욕' 등의 뜻인 말입니다.

cupid와 같은 어원인 말이 바로 covet로 '탐내다' '열망하다' 등의 뜻인 말로, cupid의 p가 v로 변형되어 나온 말입니다.

"All covet, all lose."라는 말은 "전부를 탐내면 모두를 잃는다."란 뜻입니다.

ocean

ocean은 우리말로는 '대양' '바다' 등의 뜻으로 쓰이는 말입니다. ocean은 그리스의 해양의 신인 '오케아노스' Okeanus 이름에서 나온 말로 이 말이 불어로 건너가 ocean이 되어 영어로 다시 건너온 말입니다.

Oceania '오세아니아'는 우리말로, '대양(大洋)주'라고도 하는데 태평양이라는 '대양(大洋)'에 산재하는 오스트레일리아와 그 외의 섬들에서 나온 말입니다.

Persephone

Persephone 페르세포네는 그리스 신화에 나오는 생성과 번식의 여왕으로, 사람의 뜻인 **person**의 어원이 된 말입니다. Persephone는 고대 이탈리아의 에트루리아 지방의 연극 Mask에서 등장인물로 나오면서 사람의 뜻이 된 말입니다. 이후 man이란 말이 사람과 남자라는 두 개의 뜻으로 쓰이면서 man을 대체하는 말로 더욱 많이 쓰이게 된 말입니다.

persona는 지금도 연극 Mask에서 나온 말처럼 '가면' '가면을 쓴 인격의' 등의 의미로 쓰이며, personality는 개성, 인성 등의 의미로 쓰이는 말입니다.

Nemesis

nomad는 '돌아다니는 사람' '유목민' 등을 뜻하는 말로, 그리스의 율법의 여신인 Nemesis에서 나온 말입니다. Nemesis는 율법의 신으로 '공정히 분배하다'의 의미에서 나온 말로, 중세 유목민들은 풀이 있는 목초지를 유목하면서 땅을 고루 분배하면서 생긴 말입니다.

number의 어원인 라틴어 numero도 나누다 등의 의미에서 숫자가 된 말로, nomad fashion은 유목민과 같은 의상을 뜻하는 말입니다.

nimble은 '재빠른' 등의 뜻인 말로, nomad와 같은 뜻인 '할당하다' '빨리 잡다' 등의 뜻에서 나온 말입니다.

numb은 '빼앗긴' 등의 뜻에서 '감각을 잃은' '마비된' 등의 뜻이 된 말입니다. benumb은 '마비시키다' '무감각하게 하다' 등의 뜻입니다.

Vulcan

Vulcan은 고대 로마의 불의 신으로 '불카누스'라고 합니다. 19세기에는 지금의 수성보다 더 태양에 가까운 행성이 있다고 생각하여 그 이름을 Vulcan이라고 했다고 합니다. 이 '불의 신' Vulcan은 '화산'을 의미하는 volcano로 쓰이는 말이 되었습니다.

Oedipus

Oedipus는 그리스 전설에 나오는 신의 이름으로, 숙명에 의해 아버지인 줄 모르고 아버지를 죽였으며, Sphinx의 수수께끼를 풀고 모국의 왕이 되어 어머니인 줄 모르고 아내로 삼았으나 후일 그 사실을 알고 비탄한 나머지 스스로 칼로 눈을 찌르고 딸의 손에 이끌려 Attica로 가서 그곳에서 죽은 신입니다.

Oedipus's complex는 자녀가 이성인 어버이에 대해 무의식적으로 품는 성적 사모를 뜻하는 정신 분석적 용어가 된 말입니다.

Oedipus의 이름은 양치기가 그를 발견했을 때 발이 부어 있었던 모습에서 붙여진 말로, '부은' '부풀은' 등의 뜻인 oed와 '발'을 뜻하는

pus가 합해져서 만들어진 말입니다. '귀리' '오트밀' 등을 뜻하는 oat도
이 '부은' '부풀은' 등의 뜻에서 나온 말로, '부풀은 것'에서 '귀리' 등의
뜻이 된 말입니다.

Fortuna

Fortuna는 로마 신화의 '포르투나' 운명의 여신으로 이 '운명'의
의미에서 나온 말이 **fortune**으로 '신의 운명' 등의 뜻에서 '운세' '행운'
등의 뜻에서 '부' '재산' 등의 의미도 생긴 말입니다. '부' '재산' 등의
뜻에는 '행운'이 있어야 함을 내포하는 말입니다.

"Fortune favors the brave."는 "운명의 여신은 용기 있는 자를
좋아한다."란 속담이며, fortune teller는 '운명을 말해 주는 사람' '
점쟁이'를 뜻합니다. fortunate는 '운이 좋은' 등의 뜻입니다.

Hymen

anthem은 '찬송가' '축가' 등의 뜻으로, national anthem은 '국가'를
의미하는 말입니다. 이 말의 어원은 '대항'의 뜻인 anti에 '찬가' '찬송가'
등의 뜻인 **hymn**이 붙은 말입니다. '사탄에 대항하는 찬가'의 뜻에서 '
찬송가' 등의 뜻이 된 말로 지금은 '국가' 등의 뜻으로 많이 사용하는
말입니다.

hymn은 그리스의 결혼의 신인 **Hymen**의 이름에서 나온 말로, 결혼 축하의 노래의 뜻에서 찬송가의 뜻이 된 말입니다. hymeneal은 결혼식 노래를 뜻합니다.

Ops

optima는 로마신화의 '풍요한 수확'의 신의 이름인 **Ops**에서 나온 말로, '풍요'를 의미를 지니고 있는 말입니다. optima는 '성장의 최적 조건'을 뜻하는 말로, '최고의' '최적의' 뜻으로, 여기에서 나온 **optimism**은 '최선관' '낙천주의' 등의 뜻인 말입니다.

'풍요와 번식'의 뜻에서 나온 다른 말로, copy가 있는데, copy는 '복사하다' '원고' '대본' '광고문안' 등의 뜻으로 '번식하다' 등의 어원을 가지고 있는 말입니다. '풍부한'의 뜻인 copious나 '번식하다' 등의 뜻인 copy는 접두어 co와 '풍부한'의 뜻인 ops가 합해져서 만들어진 말입니다.

Ceres

cereal 시리얼은 '곡류' '곡물' 등의 뜻인 말로, 이 말은 로마 신화의 곡물과 풍작의 여신의 이름인 **Ceres** '케레스'에서 나온 말입니다.

Moneta

money는 '돈' '금전' 등의 뜻으로, 이 말의 어원은 로마신화의 Moneta '모네타' 신의 이름에서 나온 말로, 이 신전에서 화폐가 만들어진 데서 money가 만들어진 말입니다. monetary system은 '화폐 제도'를 뜻하는 말입니다. 이 Moneta에서 나온 말이 '주조소' '조폐국' 등의 뜻인 **mint**입니다.

Tiu

Tuesday 화요일은 게르만 신화에서 **Tiu** 신의 이름에서 나온 말로, 하늘 및 전쟁의 신이었습니다. Tiu는 Odin의 아들로 고대 영어가 게르만어와 북유럽의 언어들에서 많은 영향을 받았음을 알 수 있습니다.

Tiu 신은 하늘 및 전쟁의 신으로 고대 그리스신화의 Mars와 같은 부류의 신으로 화성(火星)을 Mars라고 하는 것은 전쟁의 신인 Tiu 신이나 Mars 신과 관련되어 이름 붙여진 것입니다.

Odin

Wednesday 수요일은 북유럽 신화에서 만물을 관장하는 최고의 신의 이름 '오딘' **Odin**과, 게르만 신화에서는 최고의 신인 '보든' Woden 의 변형된 말로, 이 Woden의 신 이름에서 나온 요일이 Wednesday 입니다.

Thor

Thursday 목요일은 북유럽 신화의 **Thor** 신의 이름에서 나온 말입니다. 이 Thor 신은 우레와 비의 신으로 로마신화의 Jupiter와 같은 신의 이름인 말입니다.

Jupiter는 로마의 여러 신 중에서 최고의 신으로 태양계에서 제일 큰 혜성인 목성에 붙여진 이름입니다. 이 Jupiter는 천둥번개를 무기로 하는 신으로 이 '천둥번개'를 thunder라고 하는 것은 결코 Thursday와 무관하지 않습니다. 이 thunder나 북유럽의 신 이름인 Thor에서 나온 말로, Thursday는 북유럽의 '번개의 신'인 Thor에서 나온 말입니다.

Frigg

Friday 금요일은 북유럽 신화에서 최고의 신인 Odin의 아내인 '
프리그' **Frigg**에서 나온 말로 이 Frigg는 '풍요의 신'으로 로마신화에서
Venus와 같은 위치에 있는 신으로 '자유로운' '관대한' 등의 뜻인 free
의 어원인 말입니다. 태양계에서 '금성'을 Venus라고 하는 것은 '금요일'
인 Friday와 관련이 있는 말입니다.

Saturn

Saturday 토요일은 '토성'인 Saturn과 관련이 있는 말입니다.
Saturn은 로마 신화에서 '농경의 신' 이름이어서 '흙 토(土)' 자가 앞에
오는 '토요일'이란 이름이 만들어졌습니다.

Janus

January 1월은 고대 로마시대의 Janus 신의 이름을 따서 만든
이름입니다. 이 Janus 신은 라틴어로 '문'을 의미하는 말로, Janus는
문을 수호하는 신이기도 하여 '문지기'란 뜻의 janitor도 같은 어원의
말입니다.

'야누스' 신은 앞뒤에 얼굴이 달려 있고 왼손에는 열쇠, 오른손에는

홀이라는 막대를 들고 있는 신으로 모든 일의 시작과 끝맺음을 관장하는 신이어서 1년의 제일 첫 번째 월의 이름에 사용하였습니다.

Mars

March 3월은 고대 로마에서 제일 먼저인 달, 1월이었습니다. 이 March는 로마의 군신인 Mars에서 나온 말로 month of Mars인 말입니다.

martial은 군신의 이름 Mars에서 나온 말로 '군대의' '호전적인' 등의 뜻인 말로, martial spirit은 '군인 정신'이란 말입니다.

Aphrodite

April 4월은 사랑과 미의 여신인 Venus의 그리스어 이름인 **Aph-rodite**에서 나온 말입니다. 즉, month of Venus인 뜻입니다.

만우절(萬愚節) 즉, '만민이 우민(愚民)이 되는 날'을 뜻하는 4월 1일은 영어로 April Fools' Day로 다른 말로는 All Fools' Day라고 하며 '모든 사람을 바보로 만드는 날'을 직역한 말로 장난이나 거짓말을 해도 용서받는 날입니다.

Maia

May 5월은 로마신화에서 '성장과 번식의 신'인 **Maia**에서 나온 말입니다. 5월은 꽃들이 만발하고, 모든 식물이 성장하는 달이어서 붙여진 이름입니다. 5월은 또한 '청춘' '한창' 등을 뜻하는 말로, '최대의'의 뜻인 max와도 같은 어원입니다.

5월 1일은 5월제라고 하여, 봄 축제의 의미로 이날 5월제의 여왕으로 May Queen을 뽑아 꽃 관을 씌워 주고, 막대에 돌아가며 꽃·리본 등을 장식하여 5월제에 그 주위에서 춤을 추는 '5월의 기둥'을 May·pole이라고 합니다.

Juno

June 6월은 로마 신 Jupiter의 아내인 **Juno**의 이름에서 나온 말로, 즉, month of Juno의 뜻입니다. 이 Juno는 로마 신화의 최대 여신으로 이 말의 원뜻은 '나이가 적은'을 뜻하는 말로 '젊은' '손아래의' 등의 뜻인 junior도 이 Juno와 같은 어원을 가진 말입니다.

제14장

이름에서 나온 영어 단어

Fahrenheit, Celsius

Fahrenheit는 온도를 나타내는 단위로 '화씨' 등의 뜻인 말로, 독일의 물리학자 이름이기도 한 말입니다.

영어의 접두어인 hood나 head는 독일어의 heit에서 온 말로, 독일어의 kindheit는 영어의 childhood와 같은 뜻인 말입니다.

우리가 쓰고 있는 온도의 단위인 '섭씨'의 뜻인 **Celsius**는 스웨덴의 천문학자의 이름에서 나온 말로 약자로 °C로 나타냅니다.

Don Quixote

스페인에서 남성의 세례명 앞에 붙이는 칭호인 Don은 영어의 Mr나 Sir에 해당하는 말로, '~님' 등의 뜻입니다. Don Juan '돈 후앙'은 스페인의 전설적 귀족의 이름을 방탕한 생활로 유명한 인물입니다. Don Giovanni '돈 조반니'는 Mozart 작곡의 오페라 이름으로 그중의 주인공 이름입니다.

Don Quixote '돈키호테'는 스페인의 작가 Cervantes의 풍자 소설로 주인공의 이름이기도 한 말입니다.

Don의 뜻은 '지배인' '주인' 등의 뜻인 말로 '지배하다 등의 뜻인 dominate에서 나온 말입니다. 남자 이름인 Domingo '도밍고'나 나라 이름인 Dominica '도미니카' 등의 말도 모두 같은 의미에서 나온 말입니다.

domino 도미노는 dominate에서 나온 말로, 맨 처음 패를 맞춘 사람이 주인 domino가 되어 하는 게임으로 이 게임을 직사각형의 나무 등으로 만든 패를 이용한다고 해서 나무패를 세워 넘어뜨리는 게임도 domino라고 합니다.

이탈리아에서 기혼 여성의 세례명 앞에 붙이는 호칭으로 Donna를 쓰는데, 이 Donna는 바로 Don의 여성형인 말입니다. '성모 마리아'를 Madonna라고 하는데 이 말은 my의 이탈리아형인 ma에 donna가 붙어서 생긴 말입니다. 이 말은 프랑스에서는 madam '마담'으로 쓰이는데, 이 말도 ma에 **dame**이 붙어서 만들어진 말로, dame도 '부인' '숙녀' 등의 뜻으로 **donna**와 같은 어원에서 나온 말입니다. dame은 '집안의' '가정적인' 등의 뜻인 **domestic**과 같은 어원입니다.

다빈치의 그림인 Mona Lisa의 Mona도 이 madonna와 비슷한 뜻을 가진 madam의 뜻인 말로, 이탈리아어에서 나온 말입니다. madam에서 나온 **mademoiselle** 마드모아젤은 프랑스에서 건너온 말로, 처녀, 아가씨 등을 뜻하는 말입니다. 줄여서 damsel이라고도 합니다.

Mesmer

Mesmer는 오스트리아의 의사 이름으로, '최면술'에 대한 연구의 대가입니다. 그래서 이 사람의 이름을 따서 만들어진 말이, mesmeric '최면술의' '최면의' '황홀하게 하는' 등의 뜻이며, mesmerize는 '최면을 걸다' '매료시키다' 등의 뜻인 말입니다.

Jean Nicot

nicotine은 담배 속에 함유되어 있는 물질의 하나인 '니코틴'이라고 불리는 말로 이 말의 어원은 담배를 포르투갈에서 프랑스에 소개한 외교관의 이름인 **Jean Nicot**이라는 사람의 이름에서 나온 말로, 'Nicot의 잎'이라는 입니다.

nicotine의 원뜻은 '담배' 등의 뜻에서 나온 말로, nicotian은 '담배의' '끽연가' 등의 뜻이며, 이 '담배'의 뜻에서 지금의 nicotine '니코틴'이 되었습니다.

Nicholas Chauvin

chauvinism은 '열광적 애국주의' '극단적 충성' 등의 의미로 이 말은 Nicholas Chauvin의 이름에서 Napoleon을 하느님처럼 숭배한 프랑스의 한 병사 이름에서 나온 말입니다.

Boycott

boycott는 '보이콧하다' '동맹으로 배척하다' '불매운동' 등의 뜻으로 쓰이는 말로, 이 말은 아일랜드의 토지 관리인이었던 **Captain Boycott**라는 사람의 이름에서 나온 말로, 1880년 여름 아일랜드

토지 동맹 때 처음으로 합법적인 전술에 의해 괴롭힘을 당한 사람으로 이후에 이 사람의 이름을 따서 '배척하다' 등의 뜻인 boycott가 되었습니다.

Booze

BYOB는 **bring your own booze**의 뜻이기도 한 말로, 여기에서 booze는 '술' 특히 '독한 술'을 뜻합니다.

booze는 필라델피아 양조업자의 이름인 Booze에서 나온 말로, 술을 뜻하는 말이 되었습니다.

Dahl, Begon

dahlia 달리아는 18세기 스웨덴의 식물학자 Dahl의 이름에서 따온 말입니다. 이런 식물학자의 이름에서 나온 다른 꽃으로는 **begonia** 베고니아입니다. begonia는 프랑스의 식물학자 Michel Begon의 이름에서 나온 말입니다.

John Sandwich

sandwich는 '샌드위치' 등의 뜻으로 18세기 **John Sandwich** 백작이 식사 때문에 중단되지 않고 승부를 계속 할 수 있도록 이 음식을 고안해서 어떤 날은 하루 종일 이것만을 먹었다고 전해지는 사람의 이름에서 나온 말입니다.

Willem Beukelz

pickle 피클은 '피클' '오이 절임' 등의 뜻인 말로, 이 말은 피클의 제조법을 처음 시도한 14세기 네덜란드의 어부 Willem Beukelz의 이름이 독일어로 건너가 pÖkel이 영어로 건너간 쓰이는 말이 pickle 입니다.

William Lynch

lynch는 '린치를 가하다' '사형을 시키다' 등의 뜻으로, 1811년 William Lynch에 의해 Lynch law가 만들어지면서 사용하기 시작한 말입니다.

Paparazzo

paparazzi 파파라치는 1959년 영화 〈La Dolce Vita〉에서 프리랜서 사진작가의 이름인 **Paparazzo**에서 나온 말입니다. paparazzi는 복수형으로, 현대에 들어서면서 부정적인 의미로 쓰이기 시작한 말입니다.

Dorothy

doll은 인형을 뜻하는 말로, **Dorothy**의 애칭으로 쓰이는 말이 인형이란 뜻이 된 말입니다.

Sarah의 애칭이 Sally이며, Mary의 애칭이 Moll과 같습니다. 남자 이름으로는 Harold의 애칭이 Hal로 쓰입니다.

Guy Fawkes

guy는 '사내' '사람' 등의 의미로 영국에서는 '익살스런 사람'의 의미로 쓰이는 말입니다. 이 말의 유래는 Guy Fawkes의 동상에서 나온 말로 매년 11월 5일 이 사람이 기괴한 상을 만들어 아이들이 온 동네를 끌고 다니다가 밤에 태워버리는 풍습에서 나온 말로, '우스꽝스러운 복장을 한 사람'의 의미에서 지금의 '사내' '사람' 등의 의미가 된 말입니다.

John Duns

John Duns는 스코틀랜드의 스콜라 철학자의 이름으로, 영국의 문예 부흥기의 인문주의자들이 이 Duns 학파의 무리들을 Dunses 라고 부르던 것이 '바보' '얼간이' '열등생' 등의 **dunce**가 되었습니다.

Mary Jane

marijuana는 '마리화나'라고 하는 말로, marihuana로 쓰이기도 하는 말입니다. 이 marijuana는 식물의 이름에서 나온 말로, 남미의 아르헨티나나 볼리비아 등지에서 재배된 것으로, 이 이름도 마리화 나를 들여온 스페인어에서 들어온 말입니다.

마리화나는 **Mary Jane**의 라틴어형인 Maria Juana라는 이름에서 나온 말입니다. 실제로 Mary Jane은 '마리화나'의 속어로도 쓰이는 말입니다.

Marquis de Sade

sadism 사디즘은 '가학성애'라고 번역되어진 말로, 이성을 학대하거나 굴욕을 줌으로써 성적 흥분을 얻는 성벽입니다. 언뜻 보면 이 sadism의 어원이 '슬픈' '비탄적인' 등의 뜻인 sad에서 나온 말 같지만, 이 말의 어원은 성적 변태증을 소설로 많이 다룬 프랑스의 작가 이름인 **Marquis de Sade**에서 나온 말입니다. '사디스트' sadist는 이성을 학대하여 성적 흥분을 얻는 사람을 말합니다.

Sacher-Masoch

masochism 마조히즘은 '피학성애'라고 번역되어진 말로, sadism과 반대로 이성으로부터 학대받거나 모욕을 당함으로써 성적으로 쾌감을 느끼는 성벽을 말합니다. 이 말의 어원도 sadism과 같이 작가의 이름에서 나온 말로, 오스트리아의 매저키즘을 묘사한 소설가인 Leopold von **Sacher-Masoch**의 이름에서 나온 말입니다.
'마조히스트' masochist는 '피학대 성애자'라고 번역할 수 있습니다.

Silhouette

profile은 '프로필'이라고 하는 말로, '옆얼굴' 등의 뜻으로 여기에서 '윤곽' '외형' 등의 뜻으로 쓰이는 말입니다. 이 profile의 file도 '선' '실' 등의 뜻에서 나온 말로, outline과 같은 의미에서 '외곽' '옆얼굴' 등의 뜻이 된 말입니다. 서양 사람들의 두상은 옆에서 본 모습이 더욱 그 사람의 특징이 잘 나타나게 되어 옆모습을 그리기 시작하였습니다.

silhouette 실루엣은 윤곽의 안을 검게 칠한 그림 등을 뜻하는 말로, 프랑스의 재무장관 이름 Silhouette 나온 말입니다. 7년 전쟁 이후 프랑스 재정의 파탄으로 실루엣 장관을 비소하는 말로, 얼굴을 다 그리지 않고, 윤곽만 그리고 검은색을 칠했던 것을 것에서 유래한 말입니다.

제15장

이름에 숨은 뜻 이야기

Papillon

pavilion은 '대형 천막' '파빌리온' 등의 뜻으로, 이 말의 어원은 라틴어의 '나비'를 의미하는 말에서 나온 말입니다. 예전의 천막이 나비 모양이어서 붙여진 말입니다.

Papillon '파피용'은 프랑스 등지에 많은 애완견으로, 그 귀의 모양이 '나비'를 닮아서 붙여진 말로, 불어 발음으로는 '빠삐용'이라고 합니다. 이 말은 영화 제목의 이름으로, 영화 속의 주인공이 '나비'처럼 자유로워지고 싶음을 표현한 뜻에서 나온 말입니다.

Nobel

Nobel은 스웨덴의 화학자로 다이너마이트를 발명하고, 부를 축적하여 Nobel prize를 만든 사람이기도 합니다. Nobel의 어원도 이 noble에서 나온 이름입니다.

noble은 '고상한' '우수한' 등의 뜻으로, 이 noble은 '알다'의 뜻인 know에서 나온 말로, 원뜻은 '유식한' '잘 알고 있는' 등의 뜻이었습니다.

'알다'의 뜻인 know의 반대말은 '모르는 척하다' '무시하다' 등의 뜻인 ignore입니다.

ignore는 know의 앞에 반대의 접두사인 in이 붙고 know의 라틴어 어원인 '인식' '앎' 등의 뜻인 gnosis가 붙어서 된 말입니다. ignorant는 '무식한' '교육을 받지 못한' 등의 뜻인 말이며, 여기서 나온 말이 바로 ignoble로, '열등한' '질이 나쁜' '천한' 등의 뜻이 된 말입니다. 이 ignoble이 다시 반대말로 변형된 말이 noble로 '고상한' '우수한' 등의 뜻을 가진 말이 되었습니다.

Beatrice

beau는 '좋은' '아름다운' 등의 뜻으로 불어에서 온 말입니다. beauty는 아름다움의 뜻으로 beau에 접미어 ty가 붙은 말이며 beautiful은 '아름다움이 가득한' '아름다운' 등의 뜻입니다.

텍사스의 남부 도시 Beaumont 보몬트는 산의 뜻인 mont가 붙은 말로, '아름다운 산'이라는 의미입니다. 포도주의 주산지로 유명한 프랑스의 보졸레 Beaujolais도 아름다운 언덕을 뜻하는 말입니다.

단테가 실제로 사랑했던 **Beatrice** 베아트리체도 아름다운 여인의 의미입니다.

Pasteur

프랑스의 생물학자인 **Pasteur** 파스퇴르의 어원도 목장을 뜻하는 말로, pasteurize는 '파스퇴르 살균을 하다'라는 의미입니다.

pasture와 같은 어원을 가진 pastor는 '목사(牧師)'란 뜻으로 쓰이는 말로, 지금은 '예배를 인도하며 설교를 하는 성직자'를 뜻하는 말이지만, 이 pastor가 '목자(牧者)' 즉, '양치는 사람'이란 뜻에서 나온 이유는 '양을 바르게 인도하는' '목자의' 등의 뜻에서 나온 말입니다.

pastor는 '목사'의 뜻으로 신자를 양으로 비유하여 양을 바르게 인도하는 성직자의 의미에서 나온 말입니다. '예수는 나의 목자이시니'란 말은 바로 이런 의미에서 나온 말입니다.

pastoral poem은 '목가' 등의 뜻으로 '목가적인 시'를 뜻하는 말이고, pastoral dignity는 '목사의 위엄'을 뜻하는 말로, pastoral에는 두 가지 뜻이 있는 말입니다.

Abba

Abba는 유명한 팝가수의 이름으로도 쓰인 말로, 종교적인 의미에서 나온 말입니다. **abbot**는 수도원장을 뜻하는 말이며, abbey는 수도원을 뜻하는데, 고대 그리스어에서 아버지를 뜻하는 abba에서 나온 말로, 종교에서는 하느님을 뜻하는 말입니다.

Barbara

barbarian은 '용감한' 등의 뜻인 brave에서 만들어진 말로, '야만인' 등의 뜻으로 쓰이는 말이지만 그 어원은 '용감한 사람' 등의 뜻에서 나온 말입니다.

Barbara라는 여자 이름도 원뜻은 '용감한'의 뜻이 내포되어 있는 말입니다. bravo 브라보는 만세의 의미로, 용기의 의미에서 나온 이탈리아어에서 온 말입니다.

Darwin

Darwin 다윈의 이름은 '용감한 친구'의 의미가 내포되어 있는 말이며, daredevil은 용감한 사람을 뜻하는 말로, 여기에서 devil은 사람을 뜻합니다.

daring은 '대담한' '용감한' 등의 뜻으로 daring adventurer는 '용감한 모험가'를 뜻하는 말입니다.

daring은 '용기가 있다' 등의 뜻인 dare에서 나온 말로, '감히 하려 하다'의 뜻입니다. 이 dare의 어원은 그리스어의 '용감한' 등을 뜻하는 tharsein에서 나온 말입니다.

Catherine

catharsis '카타르시스'는 그리스어에서 온 말로, 우리말로는 '정화(淨化)' '억압된 감정을 해소시키는 일' 등의 뜻으로 쓰이는 말입니다. 이 말의 원뜻은 '깨끗하게 하다'의 뜻에서 나온 말로, cathartic은 '장을 깨끗하게 하는'의 뜻에서 '배변을 촉진하는' 등의 뜻인 말입니다.

Catherine은 catharsis와 같은 어원으로, '깨끗함'의 뜻에서 나온 이름입니다. Catherine은 Cathy, Kate 등으로도 쓰이는 이름입니다.

Carl

Carl이나 Carol은 독일어에서 온 말로, '남자'란 뜻의 의미를 가진 이름입니다. 지금은 '못된 남자' 등의 뜻인 **churl**에 그 의미가 남아 있습니다.

Carl에서 나온 스페인 이름이 Carlos '카를로스'로, 이 Carlos는 프랑스로 건너가 c가 ch로 변하여 Charles가 되었습니다. 이 Charles 는 Charley나 Charlie 등의 이름으로 변형이 되어 쓰이고 있는 말입니다.

North Carolina주 남부 도시 Charlotte '샬럿'도 이 Charles에서 나온 말입니다.

Carl의 여성형 이름으로 Carol도 Caroline으로 쓰이기도 하는데, Carrie 등으로 줄여서 쓰이는 이름이기도 합니다.

Aristotle

Aristotle은 '아리스토텔레스'라는 사람으로 그리스어로는 Aristoteles 라고 하며, 그리스어로 arist는 '최고의' 등의 뜻으로 '최고의' '우수한' 등의 의미가 들어간 말입니다.

arist에는 '최고의' '우수한 사람' 등의 뜻에서 '귀족' 등의 뜻이 되어 aristocracy는 '귀족정치' '최상의 시민에 의한 정치' 등의 의미로 쓰이는 말로, 고대 그리스 정치의 한 형태를 말합니다.

Morris

Morris는 주로 남자의 이름에 많이 쓰이는 말로, 원뜻은 황무지에 사는 사람의 의미에서 나온 이름입니다. moorish는 황무지의, 황야의 등의 뜻입니다.

moor는 황야지대를 뜻하는 말이지만, 원뜻은 습지를 뜻하는 moor 에서 온 말로 marsh와 같은 어원입니다. moor에서 나온 morass는 marsh와 비슷한 늪지를 뜻합니다.

marsh는 '습지' '늪' 등의 뜻으로, 이 marshmallow는 '습지대에 사는 접시꽃'을 뜻하는 말입니다. 이 marsh는 이 말은 mare에서 나온 말로, mare는 '바다' 등의 뜻으로, '바다'나 '호수'를 뜻하는 mere에서 나온 말입니다. 이 '바다'를 뜻하는 mare나 marsh에서 나온 말이 '바다의' 등의 뜻인 marine으로, Marine Corps는 '해병대' 등의 뜻인 말입니다.

Clare

Clare는 이름으로 많이 쓰이는 말로, '깨끗한' '맑은' 등의 뜻인 clear
의 어원적인 말로, '맑음'을 뜻하는 이름입니다. '클라리넷' clarinet은 '
맑음'의 clear에서 나온 말로, 깨끗하고 맑은 음색을 가진 말이어서
붙여진 이름입니다.

declare는 강조의 접두어 de가 붙은 말로, '명료하게 하다'의
뜻으로 '설명하다' '단정하다' 등의 의미로 많이 쓰입니다. declaration
은 '선언' '명료하게 함' 등의 뜻입니다.

Napoleon

dandelion은 lion이 들어가서 만들어진 말 중에 하나로, dandelion
은 '민들레'의 일종으로 그 어원은 '이빨'을 뜻하는 dent와 '사자'를
뜻하는 lion의 합성어입니다. 그 잎이 '사자의 이빨'과 닮아서 만들어진
말입니다.

Napoleon 나폴레옹의 leon은 불어로 '사자'를 뜻하는 말이며, Napoleon은 Naples of lion의 준말로, '나폴리의 사자'란 뜻입니다.

Leonard는 남자 이름으로 많이 쓰이는 말로, 이탈리아어로는 Leonardo로 '레오나르도'로 '사자'를 뜻하는 leo와 접미어 ard가 붙은 말로, Lennie 등으로도 불리는 이름입니다.

chameleon '카멜레온은 몸의 빛깔을 바꾸는 특질이 있는 동물로, 그리스어의 '땅'을 뜻하는 chame와 '사자'를 뜻하는 leon이 붙어서 만들어진 말로, '땅에 사는 사자'란 뜻에서 나온 동물 이름입니다.

Bridget

Bridget은 사람의 이름 고유명사로 쓰이는 말로, 이 말은 아일랜드어의 힘의 뜻인 말에서 온 말입니다. brigade는 군대를 뜻하는 말로, force가 힘의 뜻에서 군대의 뜻으로도 쓰는 말처럼 brigade도 힘의 뜻인 bridget와 같은 어원에서 나온 말입니다.

Hippocrates

hippo는 그리스어로 '말'을 뜻하는 말로, 그리스의 의학자인 **Hippocrates** '히포크라테스'도 '말'의 의미인 Hippo와 '사람'을 뜻하는 crat(cracy)가 합해져서 만들어진 이름입니다.

'하마(河馬)'는 한문으로는 '하천에 사는 말'이란 뜻이며 **hippopotamus**라고 합니다. '해마(海馬)'는 한문으로 풀이하면 '바다에 사는 말'이란 뜻으로 글자 그대로 seahorse이라고도 하며, 다른 말로 hippocampus라고 합니다.

hippopotamus는 '말'이란 뜻의 hippo에 potamus '강' '하천' 등의 뜻이 합쳐져서 만들어진 말로 그리스어에서 온 말입니다.

Wilhelm

helve는 자루, 조종관 등의 뜻으로, 조타장치, 배를 조정하는 키 등의 뜻인 helm과 같은 어원에서 나온 말입니다. helm은 지배하다, 이끌다 등의 뜻인 독일어의 helm에서 온 말로, **Wilhelm** 빌헬름은 '지배하다'의 뜻인 helm에 Will이 붙은 이름입니다.

overwhelm은 '압도하다' '짓누르다' 등의 뜻으로, '압도하다' '삼켜버리다' 등의 뜻인 whelm에서 나온 말입니다.

whelm은 그 어원은 '잡다' 등의 뜻인 말로, '조타장치' '키 손잡이' 등의 뜻인 helm과 같은 어원으로, 이 helm에는 '지배' '정권을 잡다'

등의 뜻도 있는 말입니다.

Nostradamus

Nostradamus '노스트라다무스'는 프랑스의 점성학자 및 예언가로 이 Notre dame의 라틴어명입니다

Notre Dame 노트르담은 '사원' 이름으로 유명한 말로, 불어식 발음이 지금 우리가 쓰는 말입니다. 영어식 발음은 이와 다소 다른 말로, 미국에는 Notre Dame 대학의 이름으로도 쓰이는 말로, 농구팀이 유명한 학교 이름입니다.

Notre Dame의 원뜻은 '우리들의'의 뜻인 Notre와 '처녀'의 뜻인 Dame이 합쳐져서 만들어진 말로, '우리들의 처녀' 즉, '성모 마리아'를 뜻하는 말입니다.

Marquis

　march는 '국경' '변경' 등의 뜻으로 marcher는 '국경을 관할하는 사람' '변경의 영주' 등을 뜻하는 말이 되어 이 '영주' 등의 뜻에서 나온 말이 옛 작위 중에서 '후작'을 뜻하는 marquess가 되었습니다.

　marquess는 옛 영국에서 최고의 작위인 '공작'을 뜻하는 duke와 '백작'을 뜻하는 earl의 중간의 위치로 '후작부인'은 marquise라고 하였습니다.

　미국의 유명한 작가 이름인 **Marquis**나 프랑스의 탐험가 Marquette는 모두 이 '후작'인 marquess에서 나온 이름들입니다.

　marquee는 큰 텐트를 뜻하는 말로, 예전 후작들과 다른 병사들과 구분을 위해 리넨으로 만든 큰 천막의 의미에서 나온 말입니다.

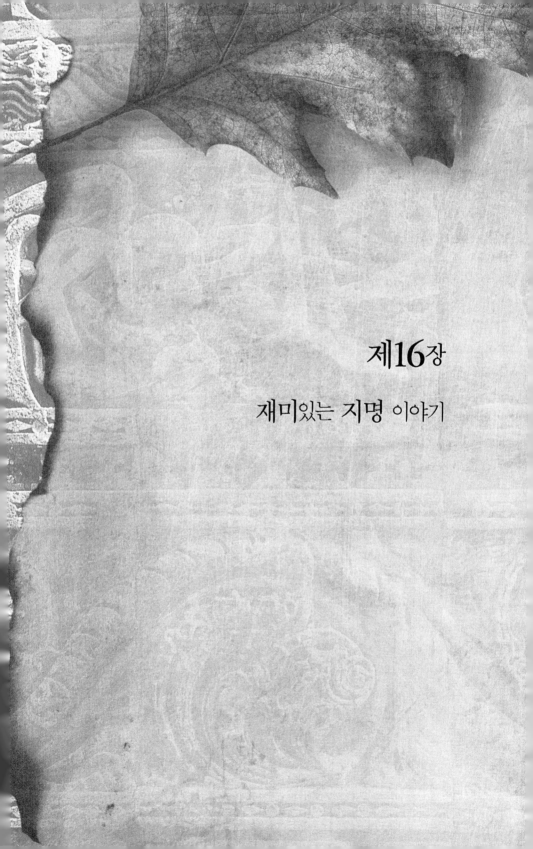

제16장

재미있는 지명 이야기

Liverpool

liver는 '간(肝)' '간장(肝腸)' 등의 뜻으로, 이 한자의 '肝'에는 '충성' '정성' 등의 뜻도 있는 말로, 서양에서도 옛날에는 사랑이나 용기 등의 감정의 근원으로 생각하였던 곳이기도 합니다.

liver에는 '간장 빛깔' '다갈색' 등의 뜻도 있는 말로, liverish도 '간장색의' '갈색의' 등의 뜻입니다. 영국의 항구 도시인 Liverpool은 liver에 연못 등을 뜻하는 pool이 붙어 '다갈색의 연못'이란 뜻에서 붙여진 지명입니다.

Singapore

Singapore도 '사자의 도시'란 뜻으로 인도어의 일종인 산스크리트어에서 온 말로, '사자'를 뜻하는 simha와 '도시'를 뜻하는 pura가 붙어서 된 말입니다.

simha에서 나온 영어로 동아프리카의 사자를 simba라고 하여 영화 Lion king의 주인공 이름이 바로 이 '사자'를 뜻하는 '심바'였습니다.

Pompeii, Tripoli

Pompeii 폼페이는 이탈리아 나폴리 만의 고대도시로 다섯을 뜻하는 독일어 fimfe와 같은 어원을 가진 말입니다. pompeii의 어원은 폼페이의 시작은 작은 다섯 부락으로 시작되어 붙여진 이름입니다.

five는 '다섯'의 의미인 라틴어의 quint에서 나온 말로, 독일어로 건너가 fimfe가 되었고, 그리스어로 건너가 pent가 된 말입니다.

Tripoli 트리폴리는 리비아의 수도이며 고대 그리스의 대표적인 항구도시로, 셋을 뜻하는 tri에 도시를 뜻하는 polis가 붙은 말로, 세 도시를 합친 도시를 뜻합니다.

Champagne

Champagne 상파뉴는 프랑스의 북동부의 지방의 이름으로, 이 지역은 포도밭이 많아서 예로부터 포도주가 유명한 곳입니다. 이 지역에서 처음으로 백포도주를 발효시켜 고급 포도주를 만들었는데, 그 이름을 이 지역의 이름을 따서 바로 champagne라고 지었으며, 이 이름의 영어식 발음이 바로 '샴페인'입니다.

Champagne 상파뉴 지방은 예로부터 평지가 많았는데, champaign에는 '평지' '평원' 등의 뜻이 생긴 말입니다. 영어로 건너가 campaign이 되었는데, 이 말은 '평원에서 진을 치다'의 뜻에서 우리가 지금 쓰는 '캠페인' '군사행동' '선거전' 등 많은 뜻을 가지게 되었습니다.

camp는 campaign에서 나온 말로 '야영' '주둔지' '진지' 등의 뜻이 된 말입니다. 우리가 대학의 교정을 campus '캠퍼스'라고 하는 이유도 이 camp에서 나온 말로 '넓은 들'이란 뜻에서 '교정(校庭)'의 뜻인 말입니다.

Champagne 지방은 campaign이 '야영'의 뜻에서 알듯이 예로부터 전쟁터로 많이 쓰인 곳으로, Champagne 지방을 차지한 사람을 champion '챔피언' champ라고 하였습니다.

Tokyo

Tokyo '동경(東京)'은 '동쪽의 수도'란 뜻으로 일본의 오랜 수도였던 '경도(京都)' Kyoto의 동쪽에 위치에 있어서 붙여진 이름입니다.

우리말의 '동경'과 Tokyo가 비슷한 말이고, '경도'와 Kyoto의 음이 비슷한 것을 보면, 우리말과 일본말은 같은 계통의 알타이 언어임을 알 수 있는 말입니다.

Beijing

중국의 수도인 '북경(北京)' **Peking**이라고 하여 '북경'이란 말과 조금은 비슷한 음을 가지고 있는 말입니다. 우리가 쓰는 '베이징' Beijing은 중국어식 표현으로, 그 의미가 '남경(南京)' Nanking의 북쪽에 있는 수도라는 뜻이 있는 말입니다. '남경'은 중국어로는 '난징'

Nanging이라고 하는데 이것 역시 중국어식 발음으로 영어식 정식 명칭은 Peking처럼 Nanking입니다.

Normandy, Anchorage

Normandy '노르망디'는 2차 대전 말기에 연합군이 상륙 작전을 벌였던 곳으로 유명한 곳으로, 10세기 초에 바이킹들인 '노르만' Norman 민족이 정복을 해서 나라를 세운 곳에서 이름 지어진 곳입니다.

Anchorage '앵커리지'는 알래스카의 도시 중에 하나로 예전부터 배들이 '닻'을 내려놓고 보급을 하던 곳이어서 '닻'을 뜻하는 anchor 에서 나온 말입니다. anchor는 '닻' '고정시키는 것' 등을 뜻하는 말입니다. 이 anchor의 어원은 그림에서 보듯이 '구부러지다'의 뜻인 angle에서 나온 말로 angle에도 '낚시 바늘'의 뜻이 있는 것과 같은 의미에서 만들어진 말입니다.

ankle은 '발목' '발목관절' 등의 뜻인 말로, 어원은 '관절' '꺾이다' 등의 뜻에서 나온 말로, 이 말은 '구부러지다' '각도' 등의 뜻인 angle과 같은 어원에서 나온 말로, '발목'의 뜻인 ankle은 '구부러지는 곳' 즉, '관절'의 의미에서 나온 말입니다.

anchor는 14세기부터 한 곳에서 고정하여 정보를 주는 사람의 뜻으로 쓰이면서 1968년부터 anchorman의 준말로, 라디오나 TV 에서 호스트를 의미하는 말로 쓰이고 있는 말입니다.

Capetown

Capetown은 남아프리카에 있는 항구도시로 우리말로 '희망봉' 이라고 하는데, cape는 '머리'라는 뜻의 cap에서 나온 말로 머리처럼 '곶' '봉' 등의 뜻으로 '희망봉'이란 말은 이 Capetown이 있는 주의 이름이 Cape of Good Hope이기 때문입니다.

Stonehenge

hinge는 우리말로 '경첩'이라고 하는데, 이 '경첩'은 문짝을 매다는 데 사용하는 철물로 이 말은 '매달다'의 의미인 hang에서 a가 i로 변형되어 만들어진 말입니다. 이 hinge에는 아직 hang과 같은 뜻의 '달려 있다' 등의 뜻도 있는 말로, "My acceptance will hinge upon the terms."는 "내 승낙 여부는 그 조건 여하에 달려 있다."란 뜻입니다.

Henge는 영국의 지명인 **Stonehenge**의 약자로, '매달려 있다'의 의미에서 붙여진 말입니다. Stonehenge는 커다란 돌이 걸쳐져 있는 모습에서 나온 지명입니다.

Rubicon, Colorado

Rubicon 루비콘 강 이름은 흔히 '돌아올 수 없는 강을 건너다'의 의미로 많이 쓰이는 말로, 로마의 카이사르가 '주사위는 던져졌다'라고 하며 건넌 강의 이름입니다. Rubicon은 이탈리아 북동부의 작은 강으로, 원뜻은 붉은 강의 뜻에서 나온 말입니다.

ruby '루비'는 '홍옥(紅玉)'이라고 하여, '붉은 옥'이란 뜻으로, '붉은'의 뜻인 red에서 나온 말입니다. '붉은'의 의미인 ruby와 같은 어원인 rubric은 '주서(朱書)' '해설' 등의 뜻인 말로, 예전에는 이 '주서'가 사본이나 인쇄물에 빨간 문자로 쓰인 제목 등의 뜻으로, '주서'의 '주(朱)'자도 붉은 주자입니다.

Colorado 콜로라도의 뜻은 color red, 붉은 강의 뜻인 것과 같은 뜻에서 나온 말입니다. Colorado도 강의 색이 붉은색이어서 붙여진 말입니다.

Pampas

Pampas 팜파스는 남아메리카의 비옥한 곡창지역을 뜻하는 말로, '평야' '평평한 땅' 등을 뜻하는 palm에서 나온 말입니다.

palm은 '손바닥'을 뜻하는 말로, 이 palm의 어원은 '바닥' '평평함' 등을 뜻하는 라틴어의 plat와 같은 어원에서 나온 말입니다. plat은 위에서 나온 말처럼 '평평한'의 뜻인 flat으로 변한 말로, '손바닥'의 모양이 평평하여 나온 말입니다.

palm에는 '손바닥'의 뜻 말고 '야자' '야자나무' 등의 뜻도 있는 말로, 이 말의 어원은 야자나무 잎이 '손바닥 모양이어서 만들어진 말로, palm tree, palm of the tree의 뜻에서 나온 말입니다. **palmistry**는 '

손바닥'을 뜻하는 palm과 '지배' '지식' 등의 뜻인 mastery의 합성어로, '손금 보기' 뜻인 말입니다.

palmer는 '야자수를 가지고 다니는 사람' 등의 뜻에서 나온 말로, 예전에 '순례자'들이 이 '영예'를 뜻하는 '야자수' palm을 가지고 다니면서, '순례자' '순례하다' 등의 뜻이 된 말입니다. palmer는 이후로 사람의 성 Palmer로도 쓰이는 말입니다.

palm '야자'는 예전에는 '승리' '환희' 등의 상징으로 갖고 다니던 것으로 the palm은 '승리' '영예' 등의 뜻인 말입니다.

Capri

Capri 섬은 이탈리아의 Naples 만에 있는 바위가 많은 섬으로 휴양지로 유명한 곳입니다. 이탈리아는 전통적으로 염소를 많이 키운 곳으로 이 Capri의 어원도 '염소'란 뜻에서 나온 말입니다. Capricorn 은 천문학에서 '염소자리'를 뜻하는 말입니다.

capri는 염소가 놀라서 갑작스럽게 뛰는 성질을 나온 말로, '도약'의 뜻으로도 쓰이는 말입니다. capriole '카프리올'은 마장마술 경기에서 말의 '도약'을 뜻하는 말입니다.

caprice는 '갑작스런 변화' '예상할 수 없는 성질' '변덕' 등의 뜻으로 쓰이는 말이 되었습니다. 음악 용어에서 capriccio '카프리치오'는 변덕스런 기분을 나타낸 자유 형식의 악곡을 말합니다. **capricious** 는 '변덕스러운'의 뜻입니다.

Neanderthal

dale은 vale과 같은 뜻으로, '계곡' 등을 뜻하는 말로, 독일어의 '계곡'을 뜻하는 thal에서 나온 말입니다. Neanderthal인은 독일의 Neanderthal의 계곡에서 두개골이 처음으로 발견된 데서 붙여진 말로, 이 Neanderthal의 thal도 '계곡'을 뜻하는 dale의 어원이 되는 말입니다.

Neanderthal은 독일의 지명으로 '네안데르탈인의' 등의 뜻이며 인류학에서 인간의 두개골이 처음으로 발견된 된 곳으로 유명한 곳입니다. Neanderthal은 합성어로 독일의 성가 작가의 이름인 Neander와 '골짜기' '계곡' 등의 뜻인 thal이 합해져서 만들어진 말입니다.

thal은 지금 영어에서는 '계곡' 등의 뜻인 dale로 변한 말이며 독일어에서는 th가 t로 변하여 '계곡' 등의 뜻인 tal이 된 말입니다. thal은 지금 영어에 남아 있어 thalweg라는 말도 '계곡선' '골짜기길' 등의 뜻인 말이며, 영어식 이름에 Lieberthal 등의 이름도 있는데, 이 thal도 '계곡' '골짜기' 등의 뜻인 말입니다.

Weald

영국의 남동부에 있는 지명 중 하나인 Weald 지방은 예전에 '삼림지역'이어서 붙여진 말입니다. **weald**는 wild와 wold에서 나온 말로, 영시에서 많이 쓰이는 '벌판' '광야' 등의 뜻입니다.

wild는 '거친' '사나운' '미개한' 등의 뜻으로 많이 쓰이는 말이지만, '야생 고양이'의 뜻인 wildcat와 '들꽃' 등의 뜻인 wild flower처럼 '야생의' '들판의' 등의 뜻에서 '거친' 등의 뜻이 나온 말입니다.

wold는 wild와 같은 어원에서 나온 말로, wold는 '황무지' '삼림' 등의 뜻인 말입니다. '삼림' '숲' 등의 뜻인 wood도 이 말과 같은 어원에서 나온 말입니다.

Hague

'울타리'를 뜻하는 hedge의 어원은 hedge의 고대 울타리를 만들던 '산사나무'라는 뜻의 **haw**에서 나온 말로 haw에는 지금도 '울타리' '울타리로 에워싼 땅' 등을 뜻하는 말로 이 나무가 울타리로 많이 쓰인 이유는 이 나무에 가시가 많아 울타리로 많이 쓰이게 되었습니다.

hawthorn도 '산사' '산사나무' 등을 뜻하는 말로, '가시'를 뜻하는 thorn이 붙어서 생긴 말로, 사람 이름인 Hawthorn은 미국의 대표적인 소설가로도 유명한 사람입니다.

Hague 헤이그는 네덜란드의 도시로 네덜란드어로 울타리를 뜻하는 말입니다. Hague는 hedge와 같은 어원에서 나온 말로, '울타리' '담장' 등의 뜻에서 나온 말이며, 담장이 쳐진 곳의 의미에서 나온 말입니다.

Orient

orient는 '동양'을 뜻하는 말로, 그 어원은 '근원' '근본' '기원' 등의 뜻인 origin에서 g가 탈락하여 나온 말로, 태양이 뜨는 '동양'의 뜻인 orient는 '빛의 근원'의 뜻을 담고 있는 말입니다.

origin의 gin은 '생성' '시작' 등을 의미하는 gen의 변형으로, '힘의 근원' 즉, '발동기' 등의 뜻을 가진 말도 이 gin이 들어간 말로, engine '엔진'입니다.

신입생이나 신입사원이 회사에 들어오면 실시하는 '오리엔테이션' **orientation**은 지금은 '환경 적응 활동' 등의 뜻으로 쓰이는 말이지만, 원뜻은 '제단을 동쪽에 놓기'의 뜻에서 '올바르게 배치하기' 등의 뜻으로 발전되어 지금 쓰고 있는 말입니다.

Mont Real

real은 '진짜의' '실재적인' 등으로 쓰는 말이지만, 스페인의 통화 단위로도 쓰이는 '레알' real은 스페인어에서 온 말로, '국왕의' 등의 뜻인 말에서 온 말입니다. 캐나다의 도시 **Mont Real**은 '국왕의 산' 이란 뜻에서 나온 말이고, Real Madrid는 스페인 마드리드의 축구팀 이름으로 '국왕의 마드리드'란 뜻입니다.

'국왕의'라는 뜻인 있는 real의 흔적은 '왕국' '국토' 등의 뜻으로 쓰이는 **realm**에 있는데, 이 real이나 realm은 모두 '국왕의' 등의 뜻인 regal에서 g가 탈락되어 만들어진 말입니다.

Bolton

Bolton의 어원은 '용감한' '대담한' 등의 의미인 bold에 도시를 뜻하는 town이 붙어 생긴 말로, '용감한 도시'의 의미를 가지고 있는 말입니다.

bold는 '부풀다'의 뜻인 ball에서 나온 다른 말로, '대담(大膽)한' '용기 있는' 등의 뜻으로, '확신에 찬' '배짱 있는' 등의 뜻에서 나온 말입니다. **bold**도 '배짱 있는'의 뜻에서 '용기 있는' 등의 뜻이 된 말로 '배'를 뜻하는 belly와도 우리말과 비슷한 의미에서 나온 말입니다.

Cologne

cult는 '교양(敎養)' '문화' 등의 뜻인 culture와 같은 어원에서 생긴 말로, '배양' '경작' 등의 뜻에서 어떤 사람이나 사물에 대한 '정식적인 교양'의 뜻인 '숭배' '예찬' '사교' '의식' 등의 뜻으로, the cult of beauty 는 '미의 예찬'을 뜻하는 말입니다.

독일의 라인 강에 면한 도시인 '쾰른' **Cologne**도 이 colony에서 나와 불어의 영향을 받아 g가 첨가된 말이며, 이 도시 이름의 어원도 '경작하다' '심다' 등의 뜻에서 나온 말로, '경작하는 지역'의 뜻이 포함되어 있는 말입니다.

Milan

Milan은 이탈리아 북부의 Lombard의 주도이기도 한 도시로, Milan이란 말은 고대 Celtic어에서 유래된 말로, 셀틱인들이 밀란을 정복하여 Mediolanum을 건설하면서 Milano이란 말이 생겼습니다.

Mediolanum은 가운데를 뜻하는 Medio에 평야를 뜻하는 plain의 합성어로 가운데 넓은 평야를 뜻하는 말에서 Milano란 말이 생겼습니다.

Mediterranean

'지중해(地中海)'는 말 그대로 땅 가운데 있는 바다란 뜻으로 지중해의 특성이 남부 유럽과 북 아프리카의 대륙에 둘러 싸여 있는 모습이어서 붙여진 말로, '지중해'를 뜻하는 **Mediterranean**도 그런 의미에서 만들어진 말입니다.

mediterranean은 '가운데'의 뜻인 med와 '땅'을 뜻하는 terra가 붙어서 된 말입니다. medium은 '중간' '매체' 등의 뜻인 말로 복수형은 media '미디어'인 말이며, mediate는 가운데서 '중개하다' '중재하다' 등의 뜻입니다.

terra는 '땅'의 뜻으로 terrace는 땅의 뜻에서 나온 말로, '계단식 정원'을 뜻하며, 애완용이나 사냥용의 개인 terrier '테리어'는 어원적으로는 '땅개'를 뜻하는 말입니다.

제17장

중동에서 온 지명 이야기

Arab

Arab 아랍은 헤브루어의 사막을 뜻하는 말로, 사막의 땅의 의미에서 나온 말입니다. Saudi Arabia 사우디아라비아는 Saudi 가문과 Arabia 가 붙은 나라이름입니다.

arabesque 아라베스크는 16세기 프랑스에서 아랍문명의 장식을 뜻하는 말에서 나온 의미입니다.

Tigris

tiger는 그리스어의 tigris에서 나온 말로, 학문적으로 호랑이를 표범과에 속하여 panthera(panther) tigris라고 합니다.

tiger의 어원인 tigris는 아랍어에서 온 말로, '빠른'을 뜻하는 이 말은 지금의 **Tigris** 티그리스 강에도 남아 있어, 이 강물이 빠른 속도로 흐르는 강이란 의미에서 붙여진 말입니다.

tigrish는 이 tiger에서 나온 tigerish 와 같은 의미로, '호랑이 같은' '난폭한' 등의 뜻입니다.

Persian

peach는 복숭아를 뜻하는 말로, 원뜻은 **Persian** melon 페르시아 멜론의 뜻인 그리스어의 Persikon malon에서 온 말입니다. 이 그리스어인 Persikon에서 변형되어 생긴 말이 peach입니다.

Egypt

Egypt '이집트'란 나라의 이름은 고대 Egypt 이름을 그대로 사용하는 나라로 Egyptian은 '이집트사람'이란 뜻입니다.

16세기 초 영국으로 건너온 유럽·아시아 등의 유랑민족을 영국 사람들이 Egypt에서 온 사람으로 알고 Egypt에서 앞의 두음 e를 생략하여 **gypsy** '집시'라고 불렀는데, 이 말이 지금도 '집시' '유랑민' 등의 의미로 사용되고 있습니다.

Mecca

Mecca '메카'는 '활동의 중심지'라는 뜻으로 많이 쓰이는 말로 이슬람교도들이 평생에 한 번은 방문해야 하는 곳입니다.

사우디아라비아의 도시인 Mecca는 Mahomet '마호메트' 즉, 이슬람교의 창시자가 태어난 곳입니다. Mecca의 어원은 페니키아어로 폐허가 된 곳의 의미에서 나온 말입니다.

Mecca는 이슬람교도의 순례지로 '동경의 장소' '목표의 땅' 등의 뜻에서 '중심지'라는 뜻에서 '중심지'란 뜻으로 19세기부터 영어에서 사용된 말입니다.

Mahomet는 이슬람어인 Muhammad 무하마드의 영어식 표현으로 미국의 유명한 권투 선수 이름이기도 한 Muhammad '무하마드'는 프랑스어형으로 이 Mahomet이라는 말에서 나온 말이 우리가 쓰는 ' 마호메트'로 알라신의 계시를 받아 유일신에 대한 복종을 설파한 이슬람교의 창시자입니다.

Babylonia

Babylonia는 아시아 남서부의 메소포타미아 남부에서 일어난 고대의 나라 이름입니다. Babylonia는 법전의 이름으로도 유명한 함무라비 왕조에 황금시대를 이룬 나라로 수도는 Babylon이었습니다.

Babylonia의 어원은 노아의 홍수 후에 사람들이 이곳에서 하늘까지 닿는 Babel탑을 세웠던 데서 유래한 지명으로, Babel의 헤브루어로 '신의 문' '신을 향하는 문' 등을 뜻하는 말입니다.

Babel 탑은 신의 노여움을 사서 사람들 사이에 언어의 혼란이 일어나 탑을 완성할 수가 없었는데, 이후에 이 Babel에는 '음성의 혼란' 등의 뜻도 생겨 'a Babel of sound'는 '외국 사람의 뜻 모를 소리'란 뜻입니다.

Mesopotamia

Mesopotamia는 서아시아의 Tigris 강과 Euphrates의 두 강 사이에 지역을 말하는 말로, 세계 최고(最古)의 문명의 발상지이기도 한 곳입니다. mid의 어원인 라틴어의 '중간'을 의미하는 meso에 '강'을 뜻하는 potamus가 붙어서 생긴 말이 '메소포타미아' **mesopotamia** 라고 하는데, 우리말로는 '중하문명'이라고 할 수 있는 말입니다.

Mideast

아랍지역을 '중동(中東)'이라는 말로 우리는 흔히 많이 사용합니다. 이 '중동(中東)'이란 말은 '동쪽의 중간 지점'이란 뜻인 말입니다. 이 말은 영어의 **Mideast** 또는 Middle-east를 그대로 해석한 말로, 우리에게는 맞지 않는 말입니다.

우리나라에서는 '중(中)서(西)'가 되는 지역인데, 영어의 Mideast를 그대로 사용한 말입니다. '극동(極東) 아시아'란 말도 Far east Asia란 말을 그대로 해석하여 사용하는 말로, 한국, 일본, 중국, 대만, 러시아 등의 동부를 말하는 말입니다.

Euphrates

Euphrates강의 어원은 '건너기 좋은'의 뜻에서 나온 말로, 좋은 뜻인 eu와 나라의 뜻인 phrates가 붙은 말입니다.

evangel은 예수 그리스도에 의해서 세계가 구원받는다고 하는 '복음'을 뜻하는 말로, '좋은 소식' 등의 뜻인 말입니다. 이 말은 라틴어의 '좋은' '선(善)' '복(福)' 등의 뜻인 eu와 '천사'를 뜻하는 angel이 합성하여 만들어진 말로, 이 '좋은' 등의 뜻인 eu는 아직 영어에 남아 있는 말입니다.

남자 이름으로 많이 쓰이는 Eugene은 '태어남'의 뜻인 gen이 붙어서 된 말로 '좋은 태생'이란 뜻에서 나온 이름이며, eugenics는 '우성(優性)학'을 뜻합니다.

Troy

Troy '트로이'는 고대 소아시아의 도시 이름으로, 고대 Phrygia 국가를 세운 왕의 이름인 Tros에서 나온 말입니다. 그리스에 의해 10년간 포위되어 트로이 전쟁을 한 곳으로 유명한 곳으로, 이 Troy의 형용사형은 Trojan으로 '트로이인' '트로이인의' 등의 뜻인 말입니다.

'트로이의 목마'는 Trojan Horse라고 하여, 그리스군이 내부에 잠입하기 위해 만든 거대한 목마로, '내부의 적'이라는 뜻으로도 쓰이는 말입니다.

제18장

민족에서 나온 언어 이야기

Scot

Scott '스캇'은 영어의 흔한 이름으로, Scottish '스코틀랜드 사람'이란 뜻에서 나온 말입니다. Scotland는 영국의 북부에 있는 지명으로, 1707년도에 England에 합병되기 전까지는 독립된 왕국이었습니다. Scot은 스코틀랜드 고지인들인 Gael 사람들이 쓰는 말에서 온 말로, '유목민' '방랑자' 등의 뜻입니다.

Scotch '스카치'는 Scotch whisky의 준말로 보통 '위스키'의 의미로 많이 쓰이는 말로, 이 말은 '스코틀랜드 사람'을 뜻하는 Scot에서 나온 말로, 이 Scotch에는 '스코틀랜드의' 등의 뜻도 있는 말로, Scotch-man은 '스코틀랜드 사람'이란 뜻이며, Scotch man은 '위스키를 좋아하는 사람'이란 뜻입니다.

Scotch tape는 '접착테이프'를 말하며, Scotch라는 회사에서 만들어서 쓰이고 있는 말로, adhesive tape이란 말로 더 많이 쓰입니다.

pygmy

pygmy 피그미는 피그미족의 뜻으로 상상 속의 난쟁이를 뜻하기도 하고, 중부 아프리카의 왜소종족을 뜻하는 말이기도 합니다. pygmy 의 어원은 주먹만 한의 뜻으로, 주먹을 의미하는 라틴어 pugnus에서 온 말입니다. pugnus에서 나온 **pugnacious**는 주먹을 잘 쓰는, 싸우기를 좋아하는 등의 의미입니다.

Erin

Erin '에린'은 지금의 Ireland '아일랜드'의 옛 이름입니다. Ireland는 영국의 서쪽에 있는 섬으로 남부 Ireland 공화국과 북부의 Northern Ireland로 나뉘어져 있으며, Eire는 아일랜드 공화국의 예전의 공식 명칭이기도 한 말입니다. Erin go bragh는 Gael어로 '아일랜드어 영원하라'라는 뜻입니다.

Serbia

Serve는 라틴어의 지키다, 지켜보다 등의 뜻인 servare에서 나온 말로, 지키다 등의 뜻에서 나온 민족이름인 Serbia 세르비아와 같은 어원을 가진 말입니다.

servant는 '섬기다' '근무하다' 등의 뜻인 serve에서 나온 말로, servant는 '섬기는 사람'의 뜻인 '머슴' '하인' 등의 뜻이며, sergeant는 ' 근무하는 사람'의 뜻에서 '하사관' '경관' 등의 뜻이 된 말입니다.

sergeant는 군대에서는 '하사관' 경찰에서는 '경사' 등의 뜻으로 쓰이는 말로, '부하' '하인' 등의 뜻도 있는 말로 이 말도 불어에서 건너온 말입니다. 이 말의 어원은 '하인' '머슴' '종' 등의 뜻인 servant로 이 말이 불어로 건너가 된 말이 sergeant이며, 다시 영어로 건너와 쓰이고 있는 말입니다.